Corso di linguaggio C

Sandro Pedrazzini

v. 2015-1

1. Primi elementi

1.1. Primo programma

Il primo programma in linguaggio C consiste nella funzione principale *main()*, che è quella che viene chiamata per prima durante l'esecuzione, e la chiamata a *printf()*, funzione della libreria standard di input/output.

Ogni volta che un programma utilizza una funzione di libreria, è necessario specificare all'inizio del programma il nome della libreria in cui si trova la dichiarazione della funzione. In questo caso la dichiarazione si trova nel file "stdio.h".

Programma "Hello world"

```
#include <stdio.h>

void main()
{
    printf("Hello world\n");
}
```

La funzione principale *main()* può essere di qualsiasi tipo, ma alcuni compilatori richiedono, attraverso un *warning* (avviso), che la funzione sia di tipo intero. Questo serve a comunicare il valore di *exit* del processo. In C++ la funzione *main()* può essere unicamente di tipo intero (*int*).

Da una funzione di tipo intero ci si aspetta però un valore di *return*, cioè il risultato che la funzione restituisce verso l'esterno. Un processo, quando termina in modo corretto, restituisce il valore zero. Siccome la funzione *main()* rappresenta il processo, quando termina correttamente è giusto farle restituire il valore zero.

```
#include <stdio.h>

int main()
{
    printf("Hello world\n");
    return 0;
}
```

Ripetizione senza ciclo

Se desideriamo visualizzare più volte la stessa frase contenuta nel programma, la soluzione più semplice è quella di ripetere più volte l'istruzione di stampa:

```
printf("Hello world\n");
printf("Hello world\n");
...
```

Ripetizione con ciclo "while"

Se però il numero di ripetizioni aumenta, è impensabile riscrivere molte volte la stessa istruzione. Si ricorre in questo caso alla struttura del ciclo, ovvero la possibilità di determinare in anticipo la ripetizione di un intero blocco, cioè di una o più istruzioni.

Per questo primo esempio ricorriamo al ciclo "while" (altri ne vedremo in seguito).

```
int main()
{
   int count=0;
   while (count < 20){
      printf("Hello world\n");
      count = count + 1;
   }
}
```

1.2. Standard

Dal 1990 per il linguaggio C è stato definito uno standard internazionale (ISO) che ha valore maggiore dello standard americano (ANSI). A parte il diverso riconoscimento internazionale, i due standard sono identici, per cui le denominazioni ISO C, ANSI C e standard C si riferiscono tutte allo stesso linguaggio.

Su questo standard, anche chiamato C89 e poi C90, sono state applicate alcune modifiche, con emendamento sullo stesso standard, fino al 1995.

Lo standard è stato ulteriormente adattato durante gli anni 90. Questi adattamenti hanno portato allo standard C99 prima, ufficialmente riconosciuto nel 2000, e allo standard C11, riconosciuto nel 2011. La maggior parte dei compilatori più importanti supporta questi standard. È però utile conoscere alcuni aspetti particolari, soprattutto di C99, che tratteremo, perché non tutti i compilatori disponibili su microcontrollori sono in grado di riconoscere tutte le novità.

In particolare, con alcuni compilatori, è necessario specificare lo standard che si desidera utilizzare.

Esempio di chiamata:

```
gcc std=c99 file.c
```

Alcuni elementi caratteristici di C99

Di seguito un breve elenco di alcune delle caratteristiche più importanti introdotte con C99. Ne tratteremo alcune più avanti, magari semplicemente attraverso esempi o esercizi.

- Funzioni inline: funzioni il cui corpo viene copiato dal compilatore nel codice ogni volta che viene trovata una chiamata.
- Alcune strutture di dati: in particolare tipi per interi molto grossi, tipi per numeri complessi, ecc.
- Array di lunghezza variabile (VLA, variable-length arrays): array locali, la cui lunghezza può essere decisa a runtime, specificandola attraverso una variabile, invece che a compile time, come si è obbligati a fare con compilatori che non supportano C99.
- Dichiarazione di variabili locali non più limitata all'inizio di una funzione.
- Commenti su una linea, tipici di C++.
- Più libertà nella scelta dei caratteri per un identificatore.

Standard C11

Nel 2007 è iniziata un'ulteriore revisione dello standard, sfociata in C11, nome derivato dalla data della sua pubblicazione, nel dicembre 2011.

Sono state aggiunte alcune novità legate alla gestione della memoria in ambiente multi-threading, con funzioni delle librerie <threads.h> e <stdatomic.h>.

Inoltre sono state aggiunte la tipizzazione di macro generiche e le strutture anonime, già parte di C++, che tratteremo nel capitolo dedicato alle strutture.

1.3. Elementi lessicali

Vediamo quali sono i caratteri che possono apparire in un programma in C (richiesti da ISO C):

1.   I 52 caratteri (maiuscoli e minuscoli) dell'alfabeto (A..Z,a..z)
2.   Le 10 cifre decimali (0..9)
3.   Caratteri vuoti (spazi, tabulatori, fine linea, form feed)
4.   Lista di 29 caratteri contenuti nella tabella seguente:

!	#	%	^	&	*	(	)	-	_
+	=	~	[	]	\	|	;	:	'
"	{	}	,	.	<	>	/	?	

Altri caratteri grafici possono essere usati (@,$,ecc.), ma solo in commenti, valori di caratteri, o stringhe.

Il programma viene suddiviso in linee. Una riga di codice può continuare sulla linea di testo successiva, senza per questo essere considerata una nuova riga, utilizzando il carattere *backslash* (\).
Le linee seguenti:

```
if (a==b) x=1; el\
se x=2;
```

corrispondono esattamente a quanto segue:

```
if (a==b) x=1; else x=2;
```

Commenti

Un commento in un programma in C inizia con la sequenza di due caratteri /* e termina con la sequenza inversa */.
I commenti possono contenere un qualsiasi numero di caratteri. Il compilatore li considera tutti come un unico carattere vuoto.
Alcuni compilatori accettano e riconoscono commenti nidificati. Questa implementazione non è però standard, perciò un programma, per essere portabile, non dovrebbe contenere questo tipo di commenti.
Durante lo sviluppo di programmi, durante il test, capita di voler eliminare provvisoriamente una parte di codice. Lo si può fare inserendo la sequenza di linee da eliminare in un commento. Se però le stesse a loro volta già contengono un commento, si creano commenti nidificati. Per evitare questa situazione si può ricorrere alla seguente istruzione di preprocessore:

```
#if 0
... codice da eliminare
#endif
```

A partire dallo standard C99, inoltre, c'è inoltre la possibilità di usare il commento sun una linea come in C++, usando il doppio slash (//) all'inizio del commento, che termina con il primo fine linea.

Identificatori

Un identificatore, o nome, è una sequenza di lettere, cifre e "underscore". Un identificatore deve avere il primo carattere che non sia una cifra e non deve corrispondere a una parola riservata del linguaggio.

```
identifier   ::= (letter|_){(letter|digit|_)}
```

Il linguaggio C distingue tra lettera maiuscola e lettera minuscola. Questo significa che i due identificatori *abc* e *aBc* sono considerati diversi.

Parole riservate

Le parole riservate sono gli identificatori che fanno parte del linguaggio, i simboli che formano il vocabolario di base. Quando il compilatore, durante l'analisi lessicale, incontra queste parole, dà loro il significato definito nel linguaggio.

Alcune le abbiamo appena viste (*void*, *int*, *while*), altre le vedremo in seguito. Le parole chiave sono tutte minuscole.

1.4. Variabili

Una variabile serve ad identificare attraverso un nome una locazione di memoria. Questa locazione contiene valori che possono essere modificati e aggiornati durante l'esecuzione del programma.

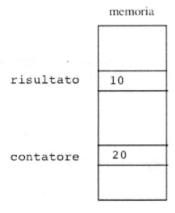

Il nome di una variabile è un identificatore e come tale può essere composto da lettere, cifre e "underscore". Poiché le lettere maiuscole e quelle minuscole sono distinte, x e X rappresentano due caratteri diversi. Nella prassi di C si adottano lettere minuscole per i nomi delle variabili.

I nomi interni (identificatori utilizzati solo all'interno del programma) possono essere composti da almeno 31 caratteri significativi. Per nomi esterni lo standard garantisce l'unicità dei primi 6 caratteri.

È buona abitudine scegliere nomi legati allo scopo delle diverse variabili.

Tipi scalari

```
char                  1 byte           [-128...127]
unsigned char         1 byte           [0...255]
int                   4 byte (o 2)     [-2'147'483'648...2'147'483'647]
unsigned int          4 byte (o 2)     [0...4'294'967'295]
long, long int        4 byte           [-2'147'483'648...2'147'483'647]
unsigned long         4 byte           [0...4'294'967'295]
short, short int      2 byte           [-32'768...32'767]
unsigned short        2 byte           [0..65'535]

float                 4 byte           [0.29x10-38, 1.7x10+30]
                      (7 cifre decimali)
double                8 byte           [0.29x10-38, 1.7x10+30]
                      (16 cifre dec.)
```

Esistono, come visto, alcuni qualificatori che possono essere applicati ai tipi.

Lo scopo è quello di fornire delle lunghezze diverse per gli interi. L'attributo *short* indica un intero di 16 bit, mentre *long* uno di 32. Il tipo *int* occuperà 16 o 32 bit.

Ogni implementazione definisce l'ampiezza dei tipi di base e i loro valori limite. Questi valori possono essere letti nel file header <limits.h> per i valori interi, e nel file <float.h> per i numeri a virgola mobile.

Valori in limits.h

ISO C richiede che i valori limite dell'implementazione dei numeri interi vengano documentati nel file header <limits.h> attraverso una lista di costanti. Ogni implementazione avrà i suoi valori. Lo standard definisce quali devono essere i valori minimi.

Nome	Valore minimo richiesto	Significato
CHAR_BIT	8	Dimensione in bit
SCHAR_MIN	-127	valore minimo di signed char
SCHAR_MAX	127	valore massimo di signed char
UCHAR_MAX	255	val massimo di unsigned char
SHRT_MIN	-32'767	val minimo di short int
SHRT_MAX	32'767	val massimo di short int
USHRT_MAX	65'535	val massimo di unsigned short
INT_MIN	-32'767	val minimo di int
INT_MAX	32'767	val massimo di int
UINT_MAX	65'535	val massimo di int
LONG_MIN	-2'147483647	val minimo di long
LONG_MAX	2'147483647	val massimo di long
ULONG_MAX	4'294967295	val massimo di unsigned long
CHAR_MIN	SCHAR_MAX oppure zero	val massimo di char
CHAR_MAX	SCHAR_MAX oppure UCHAR_MAX	val massimo di char

I valori di *CHAR_MIN* e *CHAR_MAX* variano a dipendenza del tipo associato a *char*. Solitamente il default è *signed char*, quindi vale il primo valore nella tabella.

Valori in float.h

Analogamente esiste un file header per i valori limite dei numeri a virgola mobile.
Una rappresentazione dei numeri a virgola mobile utilizzata da parecchi microprocessori è quella definita da *IEEE Standard for Binary Floating-Point Arithmetic*. Definisce i modelli per i numeri a singola (32 bit) e doppia (64 bit) precisione.
Alcuni valori di <float.h> corrispondenti a questi tipi sono mostrati nella tabella seguente:

Nome	Valore minimo richiesto	Significato
FLT_EPSILON	1.19209290E-07	min x>0.0 tale che 1.0+x ≠ x
DBL_EPSILON	2.22044604...E-16	
FLT_DIG	6	numero di cifre di precisione
DBL_DIG	15	
FLT_MANT_DIG	24	cifre (base 2) della mantissa
DBL_MANT_DIG	53	

Dichiarazioni

Tutte le variabili, prima di poter essere utilizzate, devono essere dichiarate.

```
int a,b,c;
char ch;
```

Le variabili possono anche essere inizializzate.

```
int a= 30;
```

1.5. Valori costanti

Esistono 4 tipi diversi di valori costanti: interi, floating-point, caratteri e stringhe (sequenze di caratteri).

Valori interi

Un valore qualsiasi 1234 sarà considerato *int*, mentre per essere *long* dovrà essere seguito da una l (elle) o L. I valori costanti privi di segno (*unsigned*) devono terminare con una u o U. UL significa *unsigned long*. Ci sono alcune regole di interpretazione:

1. Se un valore intero è preceduto dalle lettere 0x o 0X (zero x) allora significa che viene espresso in notazione esadecimale, con i caratteri a..f (oppure A..F) a rappresentare i valori da 10 a 15.

2. Se un valore intero inizia con la cifra 0 (zero), allora significa che viene espressa in notazione ottale (cifre da 0 a 7).

3. Nei rimanenti casi il valore sarà considerato espresso in notazione decimale.

Il valore di una costante intera è sempre positivo, a meno che ci sia *overflow*. Se il valore è preceduto da un segno meno (-), l'operazione unaria viene applicata alla costante, ma non fa parte della costante stessa.

Valori floating-point

Un valore costante floating-point può essere espresso con il punto decimale, con un esponente o con entrambi. Viene sempre interpretato con valore in base 10.
I suffissi sono due: f (oppure F) per esprimere *float*, l (oppure L) per esprimere *double*.
Gli esempi seguenti rappresentano valori costanti numerici validi:

```
0.
3e1
3.14159
.0
1.0E-3
1e-3
1.0
.00034
2e+9
1.0f
1.0e67L
```

Caratteri

Un carattere si esprime utilizzando gli apici semplici, in questo modo: 'a'.

Esiste un meccanismo che fa uso di caratteri escape che serve a esprimere caratteri particolari o valori numerici che sarebbe scomodo o impossibile inserire direttamente nel codice del programma, come vedremo più avanti.

Un valore costante carattere in C viene considerato tipo *int*. La conseguenza più diretta è che *sizeof('c')* è diversa da *sizeof(char)*.

Tipicamente si esprime con un carattere semplice o un codice escape, e il valore è il codice intero corrispondente al carattere.

Ecco alcuni esempi di caratteri singoli con i loro valori nella tabella ASCII espressi in decimale:

'a'	97	'A'	65
' '	32	'?'	63
'\r'	13	'\0'	0
'"'	34	'\377'	255
'%'	37	'\23'	19
'8'	56	'\\'	92

Stringhe

Il valore di una stringa viene circondato da doppi apici. Lo stesso meccanismo di escape possibile nei caratteri può essere utilizzato per ogni singolo carattere della stringa. È buona cosa fare uso della sequenza di escape per ogni carattere particolare che potrebbe verificarsi poco leggibile nel testo del programma.

Ecco alcuni esempi di stringa:

```
""
"\""
"Buona giornata"
"Ogni commento inizio con '/*' e termina con '*/'.\n"
```

Ad ogni stringa costante di n caratteri verrà associato, durante l'esecuzione, un blocco statico contiguo di n+1 caratteri in memoria. I primi n corrisponderanno ai caratteri della stringa, l'ultimo conterrà il carattere nullo di fine stringa '\0'.

Caratteri di escape

Come già anticipato, i caratteri di escape possono essere utilizzati per rappresentare caratteri particolari che sarebbe altrimenti scomodo o impossibile inserire nel sorgente del programma. Ce ne sono di due tipi: "codici escape carattere", usati per rappresentare caratteri particolari, e "codici escape numerici", che permettono a un carattere di essere rappresentato attraverso il suo codice numerico corrispondente.

Ecco alcuni codici escape carattere:

\a	allarme
\b	backspace
\f	form feed
\n	newline
\r	carriage return
\t	horizontal tab
\v	vertical tab
\\	backslash
\'	apice
\"	virgolette
\?	punto esclamativo

I codici escape numerici permettono ad ogni valore di tipo *unsigned char* di essere espresso scrivendo il valore direttamente in notazione ottale o esadecimale.

Ad esempio, nella codifica ASCII, il carattere 'a' può essere espresso con '\141' (codice 97 in decimale) e il carattere '?' con '\77' (codice 63 in decimale).

1.6. Costanti

Si distinguono due modi per far uso di costanti in C: costante simbolica e uso del qualificatore *const*.

Costante simbolica

Viene chiamato costante simbolica il caso di sostituzione all'inizio del programma di un valore con un simbolo. L'associazione viene fatta dal preprocessore attraverso l'istruzione *#define*. Il preprocessore stesso si occupa di sostituire il simbolo con il valore corrispondente ad ogni sua apparizione nel codice del programma prima della compilazione vera e propria.

È un caso particolare (semplice) di macro, che tratteremo più avanti. Non c'è nessuna allocazione di memoria, proprio perché si tratta di una sostituzione effettuata dal preprocessore.

Proprio perché si tratta di una sostituzione, per evitare problemi,è prassi utilizzare le lettere maiuscole per definire il nome di una costante.

```
#define MAX 100
#define PI 3.14159
```

Qualificatore const

La parola chiave riservata *const* essere applicata alla dichiarazione di qualsiasi variabile, per specificare che qual valore non verrà mai alterato.

```
const int step = 10;
```

Un elemento dichiarato con questo qualificatore viene appunto chiamato costante, perché, tranne che nella dichiarazione, non potrà mai apparire come *lvalue*, cioè non potrà mai essere utilizzato nella parte sinistra di un'espressione di assegnamento.

Il compilatore controlla che questo non avvenga. Ecco alcuni esempi in cui il compilatore accetta l'espressione, oppure segnala un errore:

```
const int fine = 100;   /* corretto */
...
max = fine;             /* corretto */
fine = 200;             /* errore */
fine++;                 /* errore */
```

1.7. Ridefinizione

Un nuovo tipo può essere semplicemente definito uguale a un tipo già esistente con l'utilizzo della parola chiave *typedef*, come segue:

```
typedef  tipo_esistente  nuovo_tipo;
```

L'elemento *tipo_esistente* può essere sia un tipo *built-in* (cioè predefinito nel linguaggio C, come ad esempio *int*), oppure un tipo definito in precedenza dall'utente.

```
typedef  int  Tipo1;
typedef  char  Tipo2;
typedef  tipo1 Tipo3;
```

Questo è un primo esempio di una caratteristica importante presente nella costruzione di tipi: un nuovo tipo può essere costruito a partire da un tipo già definito dall'utente. Sulla base di questo, nuovi tipi possono essere definiti, e così via.

2. Input/Output

2.1. Printf

```
printf("%s %d %s", "Il valore", a, "è un numero intero");
printf("Il valore %d è un numero intero",a);
```

Il formato generale di printf è:

```
printf(format,arg1,arg2,...)
```

I caratteri all'interno della stringa di formato, se non sono preceduti da % vengono stampati come tali. Altrimenti ogni % è seguito da caratteri che descrivono in quale formato dev'essere mostrato il corrispondente argomento.

In generale ad ogni % deve corrispondere un argomento nella lista di argomenti.

Il tipo del valore da stampare dev'essere consistente con la specificazione di formattazione fatta da printf, cioè, se si chiede a printf di stampare un *float*, il valore da dare deve anche essere un *float*.

Carattere	Significato
i	intero
d	intero in notazione decimale
u	intero senza segno
o	intero ottale
x	intero esadecimale (a..f)
X	intero esadecimale (A..F)
f	float
e	float con esponente (e)
E	float con esponente (E)
g	float in f o e
G	float in f o E
c	carattere
s	stringa
%	percento

I primi 5 caratteri vengono usati per visualizzare numeri interi. Siccome un *char* può anche essere letto come intero, anche questo può venir visualizzato con questi caratteri.

Il carattere *%u* serve a mostrare un *unsigned int*, ma può anche servire per forzare un *int* a venir mostrato come *unsigned int*.

Per *%o*, *%x* e *%X* printf non stampa i caratteri 0 o 0x, che precedono i valori ottale e esadecimale, ma solo il valore. Se si desidera mostrare la notazione, si deve inserire # in questo modo: %#o, rispettivamente %#x.

I seguenti 5 caratteri servono a visualizzare numeri reali (*float* oppure *double*). Il primo, *%f*, stampa per default fino a 6 cifre di precisione, il secondo e il terzo usano la forma esponenziale con una mantissa di 6 decimali e un esponente di almeno 2. L'ultima coppia (*%g* e *%G*) sceglie , invece, a seconda del numero da stampare, se conviene usare *%f* oppure *%e* (o *%E*).

Il formato %c mostra un carattere singolo, come:

```
char ch='A';
printf("%c\n", ch);
```

Anche un intero può essere utilizzato. Verrà però stampato con il suo carattere corrispondente in codice ASCII:

```
printf("%c\n",7)
```

Il formato %s serve a stampare una stringa. Questa deve contenere alla fine il carattere di terminazione, altrimenti vengono stampati tutti gli elementi in memoria fino a trovare un carattere nullo.
L'ultima conversione è %%, cioè la possibilità di stampare il carattere di percentuale:

```
printf("Sconto del %d%%", discount);
```

Il formato per printf non offre però solo la possibilità di definire il tipo, ma anche alcuni parametri, come il numero di cifre decimali, la larghezza, ecc.
Il formato generale è il seguente:

```
%[flags][width][.prec][l]type
```

Significato degli elementi opzionali

Flags:
- -:   Allinea il valore a sinistra
- +:   Precede il valore con + o -
- spazio: Precede un valore positivo con lo spazio
- #:   Precede un valore ottale con 0, un valore esadecimale con 0x, mostra il punto decimale con floats, lascia in %g (o %G) gli zeri non significativi.

Width: Larghezza minima del campo; * significa prendere il prossimo argomento come larghezza del campo.

Prec: Numero minimo di cifre per interi; numero di cifre decimali per %e e %E; numero massimo di cifre significative da mostrare per %g e %G; numero massimo di caratteri per %s; * significa prendere il prossimo argomento come grandezza.

l: Stampa long int

Normalmente printf stampa solo i caratteri necessari.
L'opzione **width** serve a evitare questo. Se ci sono meno caratteri di quanto è la larghezza, il valore viene allineato a destra. Per allinearlo a sinistra è necessario avere un - specificato nei flags.
Se però il valore di width è minore della larghezza da stampare, viene semplicemente ignorato.

```
printf(":%6d:\n",100)
=> :   100:

printf(":%-6d:\n",100)
=> :100   :

printf(":%1d:\n",100)
=> :100:
```

È inoltre possibile specificare il campo width come parametro della funzione printf. Per fare questo è necessario specificare * al posto della larghezza e sostituirlo con un valore nel parametro corrispondente. Se ad esempio la variabile width valesse 10:

```
printf("%*d", width, result);
```

il valore di result verrebbe mostrato in 10 caratteri allineato a destra.

Prec è un punto seguito da un valore intero. Questo specifica la precisione del valore da stampare.
Davanti a un convertitore per interi sta a significare il numero minimo di cifre da mostrare:

```
printf("%.6d", 100);
=> 000100
```

Davanti a %f, %e o %E dà il numero di valori decimali da mostrare. Il valore viene automaticamente arrotondato:

```
printf("%.2f", 100.1493);
=> 100.15
```

Davanti a %g e %G specifica il numero massimo di cifre significative.

Davanti a %s determina il numero massimo di caratteri da mostrare (se la stringa è più corta i caratteri saranno ancora meno):

```
printf("%.4s", "abcdefghi");
=> abcd
```

Anche prec può essere specificato come argomento:

```
printf("Il risultato è %.*f\n",places, result);
```

È anche possibile specificare più parametri come argomenti:

```
printf(":%*.*d:\n",10,6,100);
=> :    000100:
```

Stampa 100 in un campo di 10 caratteri stampandone almeno 6.

L'opzione I serve a stampare valori long int:

```
printf("%ld\n",lval);
```

Caratteri escape usati

\n	Fine riga (a capo)
\r	Riposiziona il cursore dov'era prima del printf
\t	Tabulatore
\v	Tabulatore verticale
\f	Salto pagina
\a	Allarme
\b	Backspace

Clearscreen da terminale

Per poter effettuare un'operazione di clearscreen da terminale, è necessario passare i caratteri "escape" con la funzione printf.

```
Clear: printf("\033[2J");
Home:  printf("\033[1;1H");
```

2.2. Scanf

```
scanf("%d",&a);
```

Legge nel programma dati in modo formattato. La variabile in cui devono essere letti i dati dev'essere passata con il suo indirizzo.

I possibili caratteri di conversione sono i seguenti:

Carattere	Significato
i	intero
d	intero in notazione decimale
u	unsigned int
o	intero in notazione ottale
x	intero in notazione esadecimale
e,f,g	float
c	carattere
s	stringa
[...]	stringa che termina con un carattere non contenuto tra parentesi
[^...]	stringa che termina con un carattere contenuto tra parente
%	percento

Con %e, %f e %g si leggono numeri float, che non devono necessariamente essere espressi con il punto. Possono contenere l'esponente.

Leggendo una stringa con %s, in cui la stringa termina con uno spazio (space, tab, newline).

Se si vuole definire la fine della lista in altro modo, basta utilizzare la possibilità data da [...] e [^...], cioè quella di definire i caratteri validi o quelli non validi (terminazione della stringa).

```
scanf("%[a-z]",letters);
```

Viene letta una stringa da input fino a quando si incontra un carattere che non sia una lettera minuscola. Mentre qui sotto vengono lette sia minuscole che maiuscole:

```
scanf("%[a-zA-Z]",letters);
```

Il primo che segue legge invece tutto fino a una virgola o un punto, mentre il secondo accetta tutto fino al *newline*:

```
scanf("%[^,.]",letters);
scanf("%[^\n]",letters);
```

Anche scanf, come printf, offre la possibilità di definire delle opzioni, il suo formato generale è il seguente:

```
%[*][size][l][h]type
```

Significato degli elementi opzionali

*   Il campo dev'essere saltato e non letto

size: Grandezza massima del campo in input

l: Il valore dev'essere registrato in un long int o in un double

h: Il valore da leggere dev'essere registrato in un short int

type: Carattere di conversione

Il parametro da passare a scanf dev'essere l'indirizzo di una variabile, il cui tipo deve corrispondere a quello del valore da leggere.

L'asterisco * sta a significare che scanf deve "saltare" il valore che segue, cioè non assegnarlo a nessuna variabile. La chiamata

```
scanf("%d %*s %d", &v1, &v2);
```

indica di leggere un intero, seguito da una stringa, seguito da un altro intero. La stringa deve però essere ignorata, e nelle due variabili devono essere letti i due interi.

Scanf ritorna il numero di valori assegnati, e non letti. In questo caso ritorna 2 e non 3.
L'opzione **size** specifica la lunghezza massima del campo da leggere. È utile soprattutto con le stringhe:

```
char word[10];
scanf("%9s", word);
```

Questo assicura che l'array word non vada in "overflow". Scanf piazza automaticamente un carattere '\0' alla fine della stringa.
Questo tipo di specificazione è anche utile per leggere numeri vicini. La chiamata:

```
scanf("%3d%2d", &part, &lot);
```

con l'input: 97623 permette di leggere 976 in part e 23 in lot.

Con tutti i caratteri di conversione tranne [] e %c, scanf salta ogni carattere vuoto prima di iniziare a leggere l'input. Poi legge fino a quando trova un carattere non valido per quel tipo di input.
<u>Importante</u>: la prossima chiamata di scanf leggerà a partire dal carattere che ha causato l'interruzione precedente. Ecco alcuni esempi:

```
scanf ("%d %s", &val, buf);
```

Legge un numero intero e una stringa, sia che siano attaccati, sia che siano separati da uno spazio, sia che siano separati da una serie di spazi e newline. La stringa è la serie di caratteri prima del prossimo blank. L'input:

```
-123    test string
```

verrà letto in questo modo: -123 in val, "test" in buf.

Il prossimo programma serve a vedere l'importanza dei caratteri vuoti quando si legge caratteri:

```
int main()
{
   char c1,c2,c3;
   scanf("%c%c%c", &c1,&c2,&c3);
   printf(":%c%c%c:\n", c1,c2,c3);

   return 0;
}

$prog
x y
:x y:
$prog
x
y
:x
y:
$prog
 x y
: x :
```

Un particolare importante nell'utilizzo di scanf è che si inserisce uno spazio nel parametro di controllo, questo significa che verranno "saltati" tutti gli spazi. Se cioè lo scanf precedente fosse stato scritto:

```
scanf("%c %c %c", &c1,&c2,&c3);
```

l'input con spazi avrebbe dato un risultato diverso:

```
$prog
     x              y
```

```
      z
:xyz:
```

<u>Altri esempi</u>:

```
scanf(" %[a..z]",str1);
```

->   salta gli spazi iniziali, legge tutto quello che trova fino a trovare un carattere che non sia
        incluso nell'insieme definito.

```
scanf("%[a..z]",str1);
```

->   legge tutto (anche gli spazi o i newline iniziali) fino a trovare un carattere che non sia
        incluso nell'insieme definito.

```
scanf(" %[^\n]",str1);
```

->   legge tutto (anche gli spazi o i newline iniziali) fino al prossimo newline dopo la stringa.

Caratteri non di formattazione

Ogni carattere nella stringa di formattazione che non sia di formattazione, deve essere ritrovato come tale
nell'input. Quindi per leggere una data nel formato gg/mm/aa, potrebbe venir usato lo scanf seguente:

```
scanf("%d/%d/%d",&day, &month, &year);
12/4/94
12 /    4/     94
12      /4x94
```

Leggerebbe il primo input, ma non gli altri due.

3. Istruzioni e operatori

Ogni istruzione in C deve terminare con il carattere di punto e virgola (';'). Solo un blocco di istruzioni, che inizia con '{' e termina con '}', non ha bisogno di questo carattere alla fine.

```
a = b;

{b = c; d = e; }
```

Un'altra regola in C è quella che le espressioni di controllo che appaiono nelle strutture condizionali e iterative devono trovarsi tra le parentesi '(' e ')'. Il resto dell'istruzione segue direttamente l'espressione di controllo:

```
if (a<b)
    ultimo = primo;

while(count<10)
    count++;
```

Se le istruzioni che seguono sono più di una, devono essere incluse all'interno di un blocco.

```
while(contatore<10){
    contatore++;
    printf("%d\n",contatore);
}
```

Da notare l'indentazione delle istruzioni rispetto al primo elemento della struttura iterativa e la posizione delle parentesi di inizio e fine blocco. È buona cosa fare uso di questa prassi (ed altre che vedremo) per rendere i programmi più leggibili.

3.1. Espressioni

L'esecuzione di un'espressione serve ad ottenere un valore come risultato di operazioni, a modificare un certo numero di variabili oppure ad eseguire operazioni di input/output. Solitamente si tratta di un'assegnazione, di un calcolo, di un'operazione di incremento o decremento, oppure della chiamata di una funzione.

```
velocita = distanza / tempo;
contatore++;
printf("Buongiorno\n");
...
```

3.2. Operatori

Operatori aritmetici

```
+, -, *, /, %.
```

Tranne l'operatore % (modulo), applicabile soltanto ai numeri interi, gli altri possono essere applicati a tutti i tipi scalari.

Vengono mantenute le precedenze degli operatori *, /, % rispetto ai rimanenti + e -.

Operatori relazionali e logici

```
>, >=, <, <=
== , !=
```

Usati per eseguire confronti.

```
||, &&, !
```

Operazioni logiche *or, and* e *not*.

Operatori di assegnamento

Usati per modificare il valore di una variabile. La variabile (*lvalue*) a cui viene assegnato il valore si trova alla sinistra dell'operatore.

```
a = 3;
a = a + 2;
a += 2;
b *= 3;
```

Operatori di incremento e decremento

```
n++ , ++n, n-- , --n
```

In posizione prefix, incrementa la variabile prima di utilizzarne il valore, mentre in posizione postfix, l'incrementa dopo averne utilizzato il valore. Questa differenza è rilevante quando l'operatore viene utilizzato assieme ad un altro operatore. La posizione (prefix o postfix) determina la priorità dell'incremento (o decremento) rispetto all'altra operazione.
Se n vale 5:

```
x = n++;   (x = 5)
x = ++n;   (x = 6)
```

Operatori bit a bit

Per la manipolazione di bit ci sono operatori applicabili soltanto a operandi interi (char, int, short e long):

```
& , | , ^ , << , >>
```

L'operatore AND (&) viene spesso usato per azzerare particolari insiemi di bit (operazioni di mascheramento):

```
n = n & 0177        0 (zero) introduce un ottale (001 111 111)
n = n & 15          (1111)
```

La prima operazione serve ad azzerare tutti i bit di n, esclusi i 7 meno significativi (...000001111111).
La prossima operazione, invece, pone a 1 i bit più a destra di m.

```
m = m | 0177
```

L'operatore XOR (^) mette a uno tutti i bit che si trovano in posizioni nelle quali i bit dei due operandi hanno valore diverso.
Esiste poi l'operatore di shift, che serve a spostare a destra o a sinistra i valori dei bit di una variabile.

```
ix << 2
```

In questo caso abbiamo uno shift verso sinistra di due posizioni, le due posizioni più a destra vengono riempite con lo zero (equivale a moltiplicare la variabile *ix* per 4).

```
ix >> 3
```

In questo, invece, abbiamo uno shift verso destra di 3 posizioni. Se la variabile *ix* è di tipo *unsigned,* i bit inseriti sono zeri, altrimenti: o sono ancora zeri (shift logico) o sono uguali al segno (shift aritmetico).

Operatore ternario

Il linguaggio C dispone inoltre di un operatore ternario che serve a costruire espressioni condizionali. Lo vedremo nel prossimo paragrafo.

3.3. Strutture condizionali

Ci sono due forme di strutture condizionali, con o senza l'elemento *else*.

```
if-statement ::= if (expression) statement

if-else-statement  ::= if (expression) statement else statement
```

Per ogni forma di if, prima viene valutata l'espressione all'interno della condizione. Se il valore ottenuto da questa espressione è diverso da zero, viene eseguita l'istruzione (o il blocco di istruzioni) che segue.
Se invece il valore dell'espressione nella condizione restituisce zero, se c'è un *else* viene eseguita l'istruzione (o il blocco di istruzioni) che segue la parola chiave *else*, altrimenti il controllo del programma salta al termine dell'intera struttura *if*.

Esempio

```
int main()
{
    int a,b;

    scanf("%d %d", &a, &b);
    if (a<b) {
        printf("%d\t%d", a, b);
    } else {
        printf("%d\t%d", b, a);
    }

    return 0;
}
```

Condizione

La condizione contenuta nelle strutture condizionali è una qualsiasi espressione che deve restituire un valore uguale (falso) o diverso (vero) da zero.

```
if (a < b) ...

if (a < b && a != 0) ...

if (100)...

if (0)...
```

Blocco

Come già visto, quando l'istruzione che segue il controllo della condizione o la parola chiave *else* è una sola non è necessario segnalare il blocco:

```
if (valore >= 0)
  numero=valore;
else
  numero=0;
```

Se invece le istruzioni sono più di una, è necessario confinarle in un blocco:

```
if (valore >= 0){
  numero=valore;
  printf("%d\n",numero);
}else{
  numero=0;
  printf("%d\n",numero);
}
```

Operatore ternario

Il linguaggio C dispone di un operatore ternario che serve a costruire espressioni condizionali (if-else):

```
(condizione) ? expr-1 : expr-2
```

Esempio

```
min = (val1<val2) ? val1 : val2;
```

3.4. Strutture iterative

Ci sono tre tipi di strutture iterative in C: il ciclo *while*, il ciclo *for* e il ciclo *do-while*. Le differenze logiche sono minime. Si tratta solitamente di scegliere una o l'altra a dipendenza della comodità che presentano in un determinato contesto.
L'istruzione o il blocco di istruzioni contenute all'interno di una struttura iterativa vengono denominate il corpo (*body*) della struttura.

Il ciclo *while*

Iniziamo dal ciclo *while*, già visto e utilizzato nelle modifiche del programma iniziale.

```
while-statement ::= while(expression) statement
```

Il corpo del *while* viene eseguito valutando prima l'espressione condizionale. Se il risultato è *vero* (diverso da zero), allora le istruzioni del *body* vengono eseguite. L'intero processo viene ripetuto fin quando la valutazione dell'espressione fornisce un risultato *falso*.

Esempio: Celsius

Celsius = 5/9(F-32)

```
Output:    0   -17
          20   -6
          40   4
          60   15
```

```
      ...

int main()
{
    int fahr=0, celsius;

    while(fahr<=300){
        celsius = 5*(fahr-32)/9;
        printf("%d\t%d\n", fahr, celsius);
        fahr=fahr+20;
    }

    return 0;
}
```

Modifiche

• In colonna da destra

```
printf("%3d %6d\n", fahr, celsius);
```

• Utilizzo dei float

```
int main()
{
    float fahr=0, celsius;

    while(fahr<=300){
        celsius =(5.0/9.0)*(fahr-32);
        printf("%3.0f %6.1f\n", fahr, celsius);
        fahr=fahr+20;
    }

    return 0;
}
```

Il ciclo *for*

Il significato logico di questo ciclo è lo stesso di quello del ciclo visto precedentemente. Ciò che cambia, oltre alla sintassi, è la possibilità di inserire come parte della struttura del ciclo, oltre all'espressione condizionale, anche l'inizializzazione di variabili e il loro incremento.

```
for-statement ::= for([expr-1];[expr-2];[expr-3]) statement
```

Le tre espressioni all'interno della struttura del for sono opzionali (per questo sono mostrate tra parentesi quadre), ciò significa che possono anche essere tralasciate.
La condizione si trova nella seconda espressione. Quando la condizione è falsa, il ciclo termina. La prima espressione può contenere inizializzazioni (viene eseguita solo all'inizio), mentre la terza modifiche delle variabili da eseguire ad ogni ciclo.

Esempio: Adattamento di Celsius

```
int main()
{
    float fahr;

    for(fahr=0; fahr<=300; fahr=fahr+20) {
        printf("%3.0f %6.1f\n", fahr, (5.0/9.0)*(fahr-32));
    }

    return 0;
}
```

Una modifica applicata a partire da C99, con conseguenze sull'utilizzo del ciclo for, è quella che permette di specificare variabili locali all'interno di qualsiasi blocco, e quindi anche della stessa istruzione for. Questa modifica è utile perché permette di limitare la visibilità della variabile usata nel ciclo, al ciclo stesso, senza possibilità di utilizzarla all'esterno.

Ecco l'ulteriore versione del programma precedente, con la dichiarazione della variabile *fahr* all'interno dell'istruzione for:

```
int main()
{
    for(float fahr=0; fahr<=300; fahr=fahr+20) {
        printf("%3.0f %6.1f\n", fahr, (5.0/9.0)*(fahr-32));
    }

    return 0;
}
```

Modifiche

- Costanti simboliche

```
#define MIN 0
#define MAX 300
#define STEP 20

int main()
{
    for(int fahr=MIN; fahr<=MAX; fahr=fahr+STEP) {
        printf("%3d %6.1f\n", fahr, (5.0/9.0)*(fahr-32));
    }

    return 0;
}
```

Il ciclo *do-while*

La più grossa differenza di questo ciclo rispetto agli altri due consiste nel fatto che qui la condizione viene controllata dopo l'esecuzione del *body*.

Questo significa che con il do-while il body viene eseguito almeno una volta, mentre con gli altri due potrebbe anche non essere eseguito.

```
do-while-statement ::= do statement while(expression);
```

Anche in questo caso l'iterazione avrà luogo fino a quando la valutazione dell'espressione condizionale restituirà falso. Esattamente come nei due casi precedenti.

Attenzione a non confondere il *do-while* con la struttura *repeat-until* dei linguaggi derivati dal Pascal: in quel caso il ciclo termina quando l'espressione condizionale diventa vera.

Esempio: da while a do-while

Con while

```
int main()
{
    char risposta;

    printf("Fa bel tempo (s/n)?");
    scanf("%c",&risposta);
    while(risposta!='n' && risposta!='s'){
        printf("Fa bel tempo (s/n)?");
```

```
        scanf("%c",&risposta);
    }

    if (risposta == 'n') {
        printf("Allora sto a casa");
    } else {
        printf("Allora esco");
    }

    return 0;
}
```

Con do-while

```
int main()
{
    char risposta;

    do{
        printf("Fa bel tempo (s/n)?");
        scanf("%c",&risposta);
    }while(risposta!='n' && risposta!='s');
    if (risposta == 'n') {
        printf("Allora sto a casa");
    } else {
        printf("Allora esco");
    }

    return 0;
}
```

3.5. Strutture condizionali multiple

Ci sono due tipi di strutture condizionali multiple, cioè strutture in cui la decisione da prendere comprende più di due varianti, l'estensione del significato della condizionale semplice *if-else*, o la nuova istruzione *switch*.

Condizioni multiple con *if-else*

Una decisione con più possibilità può essere espressa come una serie di strutture *if-else*, dove ogni istruzione *if* tranne l'ultima contiene un altro *if* nella sua struttura *else*.

```
if (expression-1)
    statement-1;
else if (expression-2)
    statement-2
else if (expression-3)
    statement-3
...
else
    statement-n
```

Esempio

```
#include <stdlib.h>
#define MAX 10

int main()
{
    int tentativo, numero=rand()%(MAX+1);

    printf("Valore da indovinare tra 0 e %d: ", MAX);
```

```
      scanf("%d", &tentativo);

      if (tentativo<numero) {
         printf("Troppo piccolo, il numero era %d\n", numero);
      } else if (tentativo>numero) {
         printf("Troppo grande, il numero era %d\n", numero);
      } else {
         printf("Esatto! Il valore da indovinare era %d\n", numero);
      }

      return 0;
}
```

Problema di ambiguità

Quando si hanno più istruzioni *if* una dentro l'altra, può rivelarsi poco chiaro a quale struttura appartiene un *else*.

Il compilatore risolve questa ambiguità in un modo semplice: la parte *else* appartiene sempre alla struttura *if* più interna. Se questo risolve l'ambiguità da un punto di vista formale, non sempre corrisponde alle intenzioni del programmatore, perciò a volte è utile utilizzare le parentesi di blocco ('{ e '}') per rendere più chiaro il programma.

Esempio

```
      if ((index >=0) && (index < MAX))
         if (index < MAX/2)
            printf("L'indice %d si trova nella prima metà\n",index);
      else
         printf("Errore: indice fuori dominio\n");
```

In questo caso il programmatore, lo si vede dall'indentazione, intende usare la parte else per l'istruzione if più esterna, ma il compilatore la usa invece per quella più interna.

Questo è il giusto codice per l'interpretazione desiderata:

```
      if ((index >=0) && (index < MAX)){
         if (index < MAX/2)
            printf("L'indice %d si trova nella prima metà\n",index);
      }
      else
         printf("Errore: indice fuori dominio\n");
```

Istruzione switch

L'istruzione switch serve anch'essa a controllare una condizione e a determinare più azioni secondo i valori restituiti dall'espressione condizionale.

```
      switch-statement ::= switch(expression) statement
```

L'espressione restituisce un valore di tipo intero che viene poi utilizzato all'interno del body per determinare l'azione da eseguire.

Il body, in questo caso, è una sequenza di istruzioni *case*, con eventualmente un default alla fine.

Vediamo un esempio:

```
      switch(scelta){
         case 1: printf("*");
         case 2: printf("**");
         case 3: printf("***");
         case 4: printf("****");
      }
```

Quando la variabile scelta corrisponde al valore espresso in uno dei *case*, il controllo passa al *case*. Attenzione però che poi tutte le istruzioni che seguono vengono eseguite fino alla fine della struttura *switch*.

Nell'esempio sopra: se scelta avesse valore 2, verrebbero stampato nove asterischi. Questo perché il controllo entra in *case 2*, ma poi non esce ed esegue le rimanenti istruzioni.

Se si desidera terminare l'esecuzione dell'intera struttura switch ad ogni case, allora bisogna usare *break*.

```
switch(scelta){
   case 1: printf("*");
           break;
   case 2: printf("**");
           break;
   case 3: printf("***");
           break;
   case 4: printf("****");
           break;
}
```

Altro esempio

```
int main()
{
    char c;

    scanf("%c",&c);
    switch(c){
       case '!':
       case '?':
          printf("Punto interrogativo o esclamativo");
          break;
       case '.':
          printf("Punto"); break;
       case ',':
          printf("Virgola"); break;
       default:
          printf("Simbolo sconosciuto"); break;
    }

    return 0;
}
```

3.6. *Break*, *continue* e cicli infiniti

Le istruzioni *break* e *continue* vengono utilizzate per alterare il flusso di controllo all'interno dei cicli o, come abbiamo appena visto con *break*, per influenzare l'esecuzione della struttura *switch*.

Break

Talvolta può essere utile uscire da un ciclo senza controllare, all'inizio o alla fine dell'iterazione, la condizione di fermata.

L'istruzione *break* consente di terminare un ciclo in qualsiasi punto al suo interno.

Esempio

```
int main()
{
  int tasto;

  printf("Premi un tasto qualsiasi, o <tab> per terminare\n");
```

```
while(1) {
    tasto = getchar();
    if (tasto=='\t') {
      printf("Ciclo terminato\n");
      break;
    }
    else
       putchar('.');
}

return 0;
}
```

Viene usata la funzione getchar(), che vedremo più avanti, che permette di leggere un carattere per volta dallo standard input (*stdin*). Come mostrato nell'esempio, è possibile definire cicli "infiniti", cioè che non terminano con la propria condizione di fermata:

```
for(;;) {
...
}

while (1) {
..
}
```

Continue

L'istruzione *continue*, invece, non termina l'intero ciclo, ma serve a terminare l'esecuzione corrente del body di un ciclo *while*, *for* o *do-while*. Chiamando *continue*, il controllo del programma salta direttamente alla fine del *body*, così che il ciclo può riprendere da lì la sua esecuzione, con la valutazione della condizione, oppure, nel caso di *for*, con l'espressione di incremento.

Esempio

```
...
while((ch = getchar())!=EOF){
   if (ch == 'a'){
      count++;
      continue;
   }
   ...
   ...
}
```

Nell'esempio se la variabile ch contiene il valore 'a', viene incrementato il contatore e in seguito, a causa dell'istruzione *continue*, il resto del body del ciclo (...) viene ignorato e si torna all'espressione condizionale.

Da notare che l'istruzione *continue*, come pure, in minor misura, la *break*, introduce nel linguaggio un meccanismo di salto che poco contribuisce alla leggibilità dei programmi. È quindi consigliabile non utilizzarla, ripensando eventualmente la struttura del ciclo, in modo da renderlo più chiaro e leggibile.

Per l'esempio appena mostrato una soluzione migliore sarebbe la seguente:

```
...
while((ch = getchar())!=EOF){
   if (ch == 'a'){
      count++;
   }
   else{
      ...
      ...
   }
}
```

4. Funzioni

Il primo livello di astrazione di un linguaggio di programmazione consiste nella funzione. Attraverso la possibilità di definire funzioni si permette al programmatore di separare il suo codice in più livelli di dettaglio, consentendo, nel contempo, il riutilizzo di parte del codice.

```
int main ()
{

    chiamata P1

    chiamata P2

    chiamata P1

}
```

Motivi per utilizzare le funzioni:

- Si evita di duplicare le stesse sequenze d'istruzioni nel medesimo programma.
- Programma strutturato. Il problema di partenza può essere suddiviso in più compiti semplici.
- Una volta scritta e verificata una funzione, la si può utilizzare più volte, sapendo che funziona bene (-> diminuzione della probabilità di errore).
- Programmi più leggibili.

4.1. Definizione

Dalla prima versione di C la descrizione delle funzioni è diventata più complicata ma più leggibile. Con ISO C è stato introdotto il concetto di prototipo, già presente in altri linguaggi, che permette inoltre la compatibilità con i compilatori C++. D'altra parte i nuovi compilatori C permettono di ignorare l'utilizzo dei prototipi per essere compatibili con le vecchie versioni di C.

La definizione, con prototipo, serve ad introdurre una nuova funzione e specifica le seguenti informazioni:

- Il tipo del valore restituito dalla funzione (nel caso restituisse un valore, altrimenti *void*).
- Il numero dei parametri da passare alla funzione durante la chiamata e i loro tipi.
- Il nome della funzione.
- Il codice da eseguire al momento in cui la funzione viene chiamata e quindi utilizzata.

I primi tre punti, nel "nuovo" C, fanno parte del prototipo, o di quella che viene chiamata dichiarazione, il resto è il corpo della funzione.

Ogni funzione, prima di essere chiamata, deve essere almeno dichiarata, per comunicare al compilatore il tipo del valore restituito e i tipi dei parametri. È questo il motivo per cui alcuni programmi presentano all'inizio del file una lista con le dichiarazioni di tutte le funzioni. In realtà questo non è necessario, basterebbe che ogni funzione venisse definita prima della sua chiamata.

Vediamo alcuni esempi di definizione:

```
int f(int i, int j)
{...}

void write(int val)
{...}

double square(double x)
{...}

int random_gen(void)
{...}
```

L'ultimo esempio presenta il caso di una funzione che restituisce un valore intero e non accetta nessun parametro in input (*void*). Questa è la definizione corretta, anche se spesso se non ci sono parametri si usa la più semplice:

```
int random_gen()
{...}
```

In realtà questa non è completamente corretta, perché non specifica chiaramente che non ci sono parametri, bensì informa il compilatore che ce ne potrebbero essere (compatibilità con il vecchio C).

Un'ulteriore informazione che può essere associata al prototipo durante la dichiarazione/definizione di una funzione è la visibilità della stessa all'esterno del file. Se il prototipo viene preceduto dal qualificatore *static*, significa che la funzione non potrà essere chiamata da altri file, cioè l'informazione non viene esportata al linker. Se invece è preceduta da *extern* (oppure da niente, questo è il valore di default), può essere chiamata all'esterno del file.

I problemi di visibilità verranno comunque trattati più in dettaglio in seguito.

Esempio: definizione e chiamata

```
int potenza(int base, int n)
{
    int p=1;
    for(int i=1; i<=n; i++) {
        p=p*base;
    }

    return p;
}

int main()
{
    for(int i=0;i<10;i++) {
        printf("%d %d\n", i, potenza(2,i));
    }

    return 0;
}
```

4.2. Istruzione *return*

L'istruzione *return* serve a terminare, anche in anticipo, l'esecuzione di una funzione. Se la funzione è stata dichiarata di tipo diverso da *void*, all'istruzione *return* dev'essere associato un valore o un'espressione, che corrisponderà al valore restituito dalla funzione.

```
float doppio(float x)
{
    return 2*x;
}
```

L'istruzione di return all'interno di un ciclo, termina la funzione, perciò, evidentemente, anche il ciclo, che terminerà l'esecuzione in anticipo rispetto al controllo di condizione.

Tipo di *main()*

La funzione *main()* può scegliere di restituire un valore intero, che corrisponde al valore che restituirebbe la funzione di uscita *exit()*. Il valore intero viene passato al processo chiamante, che è normalmente il sistema operativo.

Si può anche scegliere di non restituire alcun valore. In questo caso si dovrà però dichiarare la funzione *main()* di tipo *void*, come viene fatto nei nostri esempi.

4.3. Variabili globali e variabili locali

Quando si lavora con le funzioni, diventa importante capire il concetto di visibilità delle variabili.

Variabili globali

Quando una variabile viene dichiarata all'esterno di ogni funzione (quindi anche all'esterno di main, che è una funzione a tutti gli effetti), questa ha visibilità globale. Significa che tutte le funzioni possono avere accesso alla variabile, sia in lettura che in scrittura.

Esempio

```
int val = 3;

void stampa_val()
{
    printf("%d\n",val);
    val = val+10;
}

int main()
{
    stampa_val();
    stampa_val();
    val = 5;
    stampa_val();
    printf("%d\n",val);

    return 0;
}

-> 3
   13
   5
   15
```

Variabili locali

Quando una variabile viene definita all'interno di una funzione, o all'interno di un blocco, la sua visibilità rimane locale, ciò significa che solo la funzione che l'ha definita ha accesso alla parte di memoria associata a questa variabile.

Esempio: modifica caso precedente

```
void stampa_val()
{
   printf("%d\n",val);      /* errore: variabile sconosciuta! */
   val = val+10;
}

int main()
{
   int val = 10;            /* definizione locale */

   printf("%d\n",val);      /* corretto */
   stampa_val();
   val = 5;
   stampa_val();
   printf("%d\n",val);

   return 0;
}
```

Parametri

I parametri di una funzione (come visti fin'ora) possono essere immaginati come variabili locali, quindi interne alla funzione, inizializzati dall'esterno.

Esempio

```
void stampa_val(int val2)  /* parametro */
{
   printf("%d\n",val2);
}

int main()
{
   int val = 10;            /* definizione locale */

   printf("%d\n",val);
   stampa_val(val);
   val = 5;
   stampa_val(val);
   printf("%d\n",val);

   return 0;
}


-> 10
   10
   5
   5
```

Oscuramento variabili globali

Quando all'interno di una funzione viene definita una variabile locale (o un parametro) avente lo stesso nome di una variabile globale, la prima "oscura" la visibilità di quella globale.

Esempio

```
int val = 3;              /* definizione globale */

void stampa_val()
{
   int val = 10;          /* definizione locale */
   printf("%d\n",val);
   val = val+10;
}

int main()
{
   stampa_val();
   stampa_val();
   val = 5;
   stampa_val();
   printf("%d\n",val);

   return 0;
}

-> 10
   10
   10
   5
```

Effetti collaterali

L'utilizzo errato o perverso delle variabili globali può portare a situazioni indesiderate di effetti collaterali.

Esempio

```
int x,y,z;

int effetto(int y)
{
   x=3*y;
   return x;
}

void stampa(int a, int b, int c)
{
   printf("Stato attuale: %d %d %d\n",a,b,c);
}

int main()
{
   x=1; y=2; z=3;

   stampa(x,y,z);
   y=effetto(z);
   stampa(x,y,z);
   z=effetto(y);
   stampa(x,y,z);

   return 0;
}


-> 1   2   3
   9   9   3
   27  9   27
```

L'esempio mostra come sia importante limitare al minimo l'utilizzo di variabili globali. I casi di errore dovuti ad effetti collaterali sono difficili da trovare perché la causa può trovarsi nell'intero programma.

La limitazione nell'utilizzo di variabili globali e la sua sostituzione con parametri e variabili locali non è solo un buon consiglio, ma un principio importante di software engineering.

L'utilizzo di variabili locali permette un migliore disaccoppiamento delle componenti.

Solo così è possibile suddividere il codice in componenti indipendenti, chiamate in alcuni ambiti "black box", che non sono altro che funzioni che ricevono un certo numero di valori in input e ne forniscono un certo numero in output.

4.4. Durata di una variabile

Le variabili e le funzioni hanno una *durata* in run-time. Questa durata corrisponde al periodo di allocazione di memoria.

Una variabile è detta *static* quando la sua allocazione di memoria termina solo con la terminazione del programma. In C tutte le variabili globali hanno questo tipo di durata. Le variabili locali, se dichiarate normalmente, hanno una durata limitata alla durata della funzione o del blocco in cui sono state dichiarate. Nella terminologia C vengono anche chiamate variabili *automatiche*.

È però possibile avere variabili locali che vengono create una sola volta e che hanno durata pari a quella dell'intero programma: basta dichiararle con il qualificatore *static* che precede il tipo:

```
void fun(...)
{
    static int value;
    ...
}
```

In questo modo si realizza la possibilità di avere all'interno di una funzione una memoria privata, ma permanente.

Inizializzazione

Quando all'interno di una funzione viene definita una variabile locale con un'inizializzazione, significa che ad ogni chiamata di funzione la variabile viene creata e viene inizializzata.

Se però la variabile locale è dichiarata con durata *static*, viene creata e inizializzata solo la prima volta.

```
void fun(void)
{
    static int stat = 0;
    int loc = 0;

    stat++;
    loc++;
    printf("locale: %d, statica: %d\n",loc,stat);
}
```

Se la funzione viene chiamata più volte, questo risulta essere l'output:

```
locale: 1, statica: 1
locale: 1, statica: 2
locale: 1, statica: 3
...
```

Efficienza

In C è possibile avvisare il compilatore che una certa variabile verrà utilizzata spesso e che quindi dovrà essere trattata nel modo più efficiente possibile, magari utilizzando appositamente un registro.
L'istruzione è la seguente:

```
register int x;
```

Questo tipo di dichiarazione può solo essere applicato a variabili automatiche (locali non *static*) o a parametri. Si tratta semplicemente di un avviso. Il compilatore è poi libero di interpretare, o di ignorare, questa informazione.

```
void fun(register unsigned m)
{
    register int i;
    ...
}
```

4.5. Funzioni inline

Le funzioni inline, definite in C++, sono diventate parte del linguaggio C a partire dallo standard C99.
Specificare una funzione inline significa richiedere al compilatore di copiare (espandere) la funzione direttamente nel codice di chiamata. In questo modo il flusso di esecuzione del programma non dovrà saltare al codice di una funzione ad ogni sua chiamata, ma si ritroverà direttamente una copia del codice dove prima c'era la chiamata della funzione.
In questo modo si evita l'overhead della chiamata, soprattutto per piccole funzioni chiamate molto spesso. Da notare che ottimizzazioni di questo tipo possono comunque essere decise direttamente dal compilatore, senza la definizione dello sviluppatore.

Per specificare una funzione inline, basta far uso della parola chiave "inline". Vediamo un esempio:

```
inline int max(int a, int b)
{
  return (a > b) ? a : b;
}

...
value = max(x, y);
```

Un meccanismo simile a quello delle funzioni inline è dato dalle macro, che tratteremo più avanti. In realtà le funzioni inline risolvono una serie di problemi che si hanno tipicamente con le macro, per cui è consigliabile evitare le macro e far uso della parola chiave inline.

5. Utilizzo delle librerie

Ora che abbiamo visto le funzioni, diventa importante non solo saperne scrivere di nuove, per incrementare gli elementi riutilizzabili a disposizione del nostro programma, ma anche saper utilizzare quelle a disposizione nelle biblioteche standard.

Sono a disposizione operazioni di conversione, operazioni su caratteri e stringhe, operazioni di input/output, funzioni matematiche, conversioni di date, allocazione dinamica della memoria, ecc.

Non si tratta a questo punto di vederle tutte, anche perché alcune le abbiamo già utilizzate e altre verranno trattate man mano nei prossimi capitoli. Si tratta piuttosto di imparare a usarle.

5.1. Istruzione di inclusione

Quando si intende utilizzare una funzione definita in un file di biblioteca, è necessario conoscere il nome del file di *header* (file.h) in cui questa funzione è stata dichiarata.

Questo nome dev'essere incluso nel file di codice attraverso l'istruzione di preprocessore *#include*. Quest'istruzione permette al preprocessore di leggere il file contenente le dichiarazioni prima di compilare il programma.

Se si volesse ad esempio far uso della funzione trigonometrica *cos* in un programma, questa sarebbe l'istruzione all'inizio del file:

```
#include <math.h>
```

ANSI C descrive quali sono le librerie standard indipendenti dal sistema operativo. L'utilizzo di queste librerie assicura la portabilità dei programmi.

Le più importanti dal nostro punto di vista sono:

- <stdio.h>

  Comprende tutte le funzioni di input e output, sia su *stdin*, *stdout* e *stderr*, che su file, così come funzioni, costanti e tipi utilizzati per la gestione dei file.

- <time.h>

  Contiene funzioni, tipi e costanti simboliche per la gestione di date, tempi e ora. La vedremo in maggiore dettaglio alcuni capitoli più avanti.

- <ctype.h>

  Raccolta di funzioni per la gestione dei caratteri.

- <string.h>

  Raccolta di funzioni e costanti per effettuare operazioni su stringhe.

- <stdlib.h>

  Diverse funzioni di conversione, e di sistema, comprendenti la gestione della memoria dinamica e la generazione di numeri casuali.

- <math.h>

  Raccolta di funzioni matematiche.

- <limits.h> e <float.h>

  Lista di costanti simboliche relative ai valori massimi, minimi, precisioni, ecc. dei valori scalari.

5.2. Utilizzo

Ci sono librerie statiche e librerie condivise. Le librerie condivise possono essere utilizzate in memoria da più programmi. Siccome i file eseguibili che ne fanno uso contengono solo un riferimento alle librerie e non l'intero codice, risultano essere più piccoli di quelli che agganciano librerie statiche.

Il compilatore C utilizza per difetto la libreria condivisa *libc.so*, questo significa che le funzioni utilizzate in un programma che ha incluso un header con il loro prototipo, vanno poi cercate in questo file. Non tutte le funzioni sono però contenute in questo file. Ad esempio le funzioni, che vedremo, dichiarate in *<math.h>* non si trovano in *libc.so*, bensì in *libm.so*.

Per fare in modo che il *linker* possa agganciare anche questa libreria, la chiamata dev'essere la seguente:

```
cc miofile.o -lm
```

Il sistema sostituisce -l con lib e aggiunge il suffisso .so o .a, poi cerca la libreria negli indirizzi seguenti:

```
/usr/shlib
/usr/ccs/lib
/usr/lib/cmplrs/cc
/usr/lib
/usr/local/lib
/var/shlib
```

5.3. Altre funzioni di input/output

Abbiamo già analizzato in dettaglio l'utilizzo delle funzioni printf e scanf per scrivere e leggere dati.
Vediamone ora altre due, più specifiche, che permettono di leggere e scrivere caratteri: *getchar* e *putchar*.

```
int main()
{
    int c=getchar();

    while(c!= EOF){        //<ctrl-d>
        putchar(c);
        c=getchar();
    }

    return 0;
}
```

Ciclo più compatto:

```
while(c=getchar()!=EOF)
    putchar(c);
```

La costante EOF rappresenta il carattere di fine file. Da tastiera (su Unix) questo carattere viene inserito con la combinazione <ctrl-d>.

Ridirezione

Il programma appena visto legge carattere per carattere da standard input e riscrive su standard output. Da notare che lo standard input e lo standard output possono essere ridirezionati durante la chiamata del programma, rendendo possibile la lettura da un file e la scrittura dei caratteri letti su un altro file.
Per utilizzo con Unix (ridirezione):

```
a.out <text-in >text-out
```

Programma di conteggio

Vediamo un altro programma che utilizza le due nuove funzioni di input e output. Le diverse versioni servono ad analizzare le varie possibilità di utilizzo delle chiamate all'interno di un ciclo.

Programma che conta le linee, I versione:

```
int main()
{
    int c, nl=0;

    c=getchar();
    while (c!=EOF){
        if (c=='\n')
          nl++;
        c=getchar();
    }
    printf("Numero di linee: %d",nl);

    return 0;
}
```

II versione

```
...
    do
    {
        c=getchar();
        if (c=='\n')
          nl++;
    }while(c!=EOF);
    printf("Numero di linee: %d",nl);
...
```

III versione

```
...
    while((c=getchar())!=EOF)
        if (c=='\n')
          nl++;
    printf("Numero di linee: %d",nl);
...
```

5.4. Utilizzo di funzioni matematiche

Un altro file di biblioteca spesso utilizzato è quello delle funzioni matematiche.
Vi si trovano le funzioni trigonometriche, le funzioni di arrotondamento, esponeti, logaritmi, radice quadrata, ecc.
Questa è la lista completa, per una descrizione più dettagliata riferirsi ad un manuale:

acos	tan	ldexp	ceil
asin	cosh	log	fabs
atan	sinh	log10	floor
atan2	tanh	modf	fmod

cos	exp	pow	
sin	frexp	sqrt	

Esempio

```
#include <stdio.h>
#include <math.h>

int main()
{
    const double pi=3.14159;
    const double inizio=0.0, fine=pi, step=pi/20.0;

    printf("   x      sin(x)\n\n");
    for(double x = inizio; x <= fine; x = x+passo) {
        printf("%15.3f %15.7f\n", x, sin(x));
    }

    return 0;
}
```

5.5. Generazione di numeri casuali

La libreria inclusa con il file di header *<stdlib.h>* contiene funzioni per la generazione di numeri casuali.
La funzione è *rand()*, che restituisce un valore intero compreso tra 0 e RAND_MAX, che deve valere almeno 32'767.
Esempio di utilizzo:

```
int main()
{
    while(..){
        num = rand();
        ...
    }

    return 0;
}
```

La funzione *rand()* ha la particolarità di generare sempre la stessa sequenza di numeri. Se questo a volte può rivelarsi comodo per ricostruire un determinato comportamento pseudo-casuale, spesso non è ciò che si desidera.
Esiste perciò la possibilità di inizializzare il generatore di numeri casuali attraverso una seconda funzione, *srand()* a cui bisogna passare un valore intero *unsigned*.

int rand(void)	genera valori da 0 a RAND_MAX
void srand(unsigned)	inizializza la sequenza random

Siccome lo stesso valore per *srand()* causa la generazione di sequenze simili, è comodo passare a *srand()* il valore ottenuto chiamando la funzione *time()*, della libreria *<time.h>*. Questa fornisce l'ora attuale in millisecondi.

```
int main()
{
    srand(time(NULL));
    while(..){
```

```
        num = rand();
        ...
    }

    return 0;
}
```

Per ridurre l'intervallo del valore generato dalla funzione *rand()*, valore, come visto, che varia da 0 a *RAND_MAX*, senza dover scartare restituzioni di chiamate, si usa l'operatore di modulo %. Questo operatore dà il resto di una divisione tra interi, perciò garantisce che il risultato sia compreso nell'intervallo [0..*n-1*], in cui *n* è il divisore.

Riprendiamo un esempio visto in precedenza:

```
#define MAX 10


int main()
{
    int tentativo;
    int numero=rand()%(MAX+1);

    printf("Valore da indovinare tra 0 e %d: ", MAX);
    scanf("%d", &tentativo);
    if (tentativo<numero) {
       printf("Troppo piccolo, il numero era %d\n", numero);
    } else if (tentativo>numero) {
       printf("Troppo grande, il numero era %d\n", numero);
    } else {
       printf("Esatto! Il valore da indovinare era %d\n", numero);
    }

    return 0;
}
```

La variabile intera *numero* conterrà un valore compreso nell'intervallo da 0 a *MAX*.

6. Array e stringhe

Fin'ora abbiamo lavorato unicamente con variabili semplici. È però comodo in molti casi poter lavorare con un'intera sequenza di elementi dello stesso tipo.

Per ogni tipo di dati a disposizione T, è possibile creare una sequenza "array of T", il cui primo elemento ha indice 0.

6.1. Vettori

Viene chiamato vettore un array ad una sola dimensione.

In questo caso abbiamo un vettore di otto elementi (lunghezza otto). Ad ogni singolo elemento corrisponde un indice. I valori degli indici, in questo caso, vanno da 0 a 7.

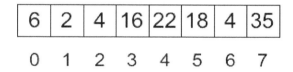

Dichiarazione

Una variabile di tipo array, come una qualsiasi altra variabile, dev'essere dichiarata all'inizio di un blocco. La dichiarazione viene fatta attraverso il tipo di ogni singolo elemento e la lunghezza complessiva dell'array.

```
int v1[8];

int v2[]={6,2,4,16,22,18,4,35};
```

Come si vede nel secondo esempio, un array può essere inizializzato durante la dichiarazione.

Accesso

Ogni elemento ha una sua identità e un suo nome univoco. Il nome viene costruito mediante il nome dell'array e l'indice dell'elemento considerato.

```
v[0], v[1],...
```

Cicli utili

Uno degli motivi per cui si utilizzano array invece di tante variabili singole, è quello che molte operazioni da effettuare sugli elementi di un certo array sono simili. Inoltre l'accesso ad ogni singolo elemento può essere parametrizzato.

Ecco alcuni casi di operazioni in cui una singloa operazione può essere parametrizzata ed effettuata, all'interno di un ciclo, a tutti gli elementi di un array:

```
for(int i=0; i<8; i++){
    v[i]=i;
```

```
    }

    for(int i=0;  i<8;  i++){
        v[i]=5-i;
    }

    for(int i=7;  i>=0;  i--){
        v[i]=i;
    }
```

Esempio 1

```
    #define DIM 5


    int main()
    {
        int prezzo[DIM], totale=0;

        for(int i=0;i<DIM;i++){
            prezzo[i]=0;                  /* azzera tutti i prezzi */
        }
        prezzo[0]=11;
        prezzo[2]=29;
        prezzo[3]=2*prezzo[0];
        for(int i=0;i<DIM;i++){
            totale += prezzo[i]; /* somma tutti i prezzi */
        }

        return 0;
    }

    -->  11 0 29 22 0    --> totale: 62
```

Esempio 2

In questo secondo esempio il vettore viene utilizzato per memorizzare la quantità di cifre incontrate in un testo.
Il valore numerico della cifra stessa serve da indice per accedere al corrispondente elemento dell'array che funge da contatore.

```
    #define LUN 10


    int main()
    {
        int ch, spazi,altri;
        int cifre[LUN];

        spazi=altri=0;
        for (int i=0;i<LUN;i++){
            cifre[i]=0;
        }

        while ((ch=getchar())!=EOF){
            if (ch>='0' && ch<='9')
                cifre[ch-'0']++;
            else if (ch==' '|| ch =='\n' || ch=='\t')
                spazi++;
            else
                altri++;
        }
```

```
        printf("Cifre: ");
        for(int i=0; i<LUN; i++){
            printf("%d ", cifre[i]);
        }
        printf(",spazi: %d, altri: %d\n", spazi, altri);

        return 0;
    }
```

Osservazioni:

- Un indice può essere una qualsiasi espressione intera (numeri, costanti e variabili).

- L'espressione ch-'0' serve ad ottenere l'indice dell'array partendo dal codice ASCII del carattere letto. Quando ch == '0', l'indice calcolato sarà zero, quando ch=='1', l'indice sarà uno, ecc.

  Questo metodo sfrutta il fatto di sapere che i codici dei caratteri da '0' a '9' hanno un valore in sequenza. Serve ad evitare di dover inserire esplicitamente il codice ASCII nel programma ('0'=48, '9'=57).

Il codice del programma si trova per ora tutto nel main. Vediamo nel prossimo paragrafo come usare le funzioni con i vettori.

6.2. Array di lunghezza variabile

Fino a prima di C99, la lunghezza di un array doveva per forza essere dichiarata come costante, in modo che la dimensione di allocazione fosse già conosciuta in tempo di compilazione.

Con il nuovo standard, è stato inserito il concetto di *variable-length array* (VLA). Si tratta della possibilità di definire array locali specificando la lunghezza attraverso una variabile, il cui valore viene perciò determinato a runtime.

Non tutti i compilatori trattano l'allocazione della memoria di VLA allo stesso modo. Il compilatore GNU C, ad esempio, alloca la memoria degli array nello stack, come tutte le altre variabili locali.

Esempio di utilizzo di VLA:

```
    float read_and_process(int size)
    {
        float values[size];

        for (int i = 0; i < size; i++) {
            values [i] = read_val();
        }

        return process(values, size);
    }
```

L'array values viene allocato con la lunghezza specificata da size, il cui valore arriva come parametro della funzione. Questo significa che a chiamate diverse può corrispondere un'allocazione di dimensione diversa dell'array.

6.3. Vettori con funzioni

Vediamo come avremmo potuto esprimere le ultime 4 righe di programma nell'esempio precedente attraverso una funzione:

```
    void stampa_risultati(int cifre[], int len, int spazi, int altri)
    {
        printf("Cifre: ");
        for(int i=0; i<len; i++)
```

```
        printf("%d ", cifre[i]);
        printf(",spazi: %d, altri: %d\n", spazi, altri);
   }
```

Il vettore come parametro lo si esprime con parentesi quadre vuote. La dimensione espressa tra le parentesi non verrebbe comunque letta all'interno della funzione.

Per poter conoscere la dimensione del vettore passato, è necessario prevedere un secondo parametro intero (nel nostro caso len), contenente la dimensione del vettore allocato esternamente.

La chiamata della funzione sarebbe perciò la seguente:

```
   ...
   stampa_risultati(cifre,LUN,spazi,altri);
   ...
```

Esempio 1

Funzioni max e min che restituiscono il valore dell'elemento massimo (rispettivamente minimo) trovato in un vettore. Il vettore viene passato come parametro.

```
        #define LEN 20

        int max(int v[],int len)
        {
            int m=v[0];

            for(int i=1;i<len;i++) {
                if (v[i]>m) {
                    m=v[i];
                }
            }

            return m;
        }
        int min(int v[],int len)
        {
            ...
        }


        /* programma di test */
        int main()
        {
            int numeri[LEN];

            for(int i=0; i<LEN; i++) {
                numeri[i]=rand();     /* num. casuale tra 0 e RAND_MAX (stdlib.h) */
            }

            stampa_vettore(numeri,LEN);
            printf("Valore massimo: %d\n", max(numeri, LEN));
            printf("Valore minimo: %d\n", min(numeri, LEN));

            return 0;
        }
```

Esempio 2

Nel caso precedente le funzioni *max* e *min* erano molto simili. L'unica differenza cosisteva nel controllo interno al ciclo.

Per *max* il controllo era:

```
if (v[i]>m)
```

Per min, invece, esattamente il contrario:

```
if (v[i]<m)
```

In un caso del genere può valer la pena parametrizzare ulteriormente la funzione, attraverso un flag, in modo che una sola possa fungere sia da min che da max:

```
#define    MIN 0
           MAX 1


int estremo(int v[], int len, int flag)
{
    int m=v[0];

    for(int i = 1; i < len; i++) {
        if (flag == MIN){
            if (v[i] < m) {
                m = v[i];
            }
        } else {
            if (v[i] > m) {
                m = v[i];
            }
        }
    }

    return m;
}
```

Le chiamate in questo caso sarebbero:

```
estremo(vettore, 10, MAX);
estremo(vettore, 10, MIN);
```

Ricapitolazione

Dichiarazione principale:

```
int vettore[20];
```

oppure:

```
int vettore[] = {4,6,7,9,3,4};
```

Dichiarazione parametro:

```
void fun(int vettore[])
```

Passaggio parametro:

```
fun(vettore)
```

6.4. Passaggio per indirizzo o per valore

In C vengono distinti due modi di passaggio di parametri a funzioni: passaggio per valore, quello che abbiamo visto fin'ora, e passaggio per indirizzo.
Il meccanismo di default è il seguente: le variabili semplici vengono passate per valore, gli array vengono passati per indirizzo.

Chiamata per valore

Le variabili utilizzate nella chiamata vengono passate come parametri di una funzione con il loro valore di contenuto. L'argomento della funzione conterrà il valore della variabile.

Chiamata per indirizzo

I vettori vengono passati come parametri della funzione attraverso il loro indirizzo. L'argomento della funzione conterrà l'indirizzo.

<u>Esempio</u>

Per capire la differenza analizziamo gli output dei seguenti programmi:

```
Versione con intero:

void stampa_int (int x)
{
    x = x + 10;
    printf("%d",x);
}

int main()
{
    int numero=1;
    stampa_int(numero);
    printf("%d",numero);

    return 0;
}

Versione con vettore:

void stampa_vettore(int v[], int len)
{
    for(int i=0; i < len; i++) {
        v[i] = v[i]*10;
        printf("%d ",v[i]);
    }
}

int main()
{
    int vettore[] = {1,2,3};

    stampa_vettore(vettore,3);
    for(int i=0; i < 3; i++){
        printf("%d ", vettore[i]);
    }

    return 0;
}
```

Nel primo caso la modifica interna di *x* non ha nessuna influenza sul valore della variabile usata per la chiamata (*numero*).

Nel secondo caso, le modifiche al vettore *v*, si ripercuotono sul vettore *vettore*, perché in effetti si tratta della stessa locazione di memoria.

Spiegazione

<u>Chiamata per valore:</u>

Viene copiato il valore della variabile, cioè viene passata una copia del valore.

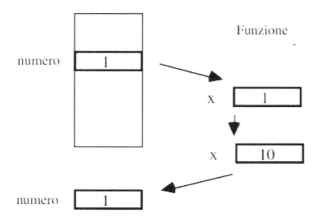

<u>Chiamata per indirizzo:</u>

Viene passato l'indirizzo del vettore nella memoria, e non il valore. Questo è il motivo per cui ogni modifica del valore all'interno della funzione ha ripercussioni direttamente nel vettore del programma principale.

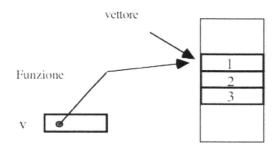

6.5. Matrici

Abbiamo visto che un array ad una sola dimensione viene chiamato vettore. Un array a due dimensioni viene invece chiamato matrice.

La prima componente (*i*) identifica la riga, la seconda (*j*) identifica la colonna.

Dichiarazione

La dichiarazione di una matrice viene fatta attraverso il tipo di ogni singolo elemento e la lunghezza delle due dimensioni dell'array.

```
int tabella[3][4];
```

oppure

```
int tabella[]={{6,2,4,16},{8,9,6,5},{...},...};
```

Come si vede nel secondo esempio, anche un array a più dimensioni può essere inizializzato durante la dichiarazione.

Accesso

Ogni elemento ha una sua identità e un suo nome univoco. Il nome viene costruito mediante il nome della matrice e gli indici (coordinate) dell'elemento.

```
tabella[0][3], tabella[2][1],...
```

Cicli utili

Anche per le matrici vale quanto detto per i vettori. L'accesso ad ogni singolo elemento può essere parametrizzato e questo permette la generalizzazione di alcune operazioni comuni.

Ecco un esempio di operazione parametrizzata ed effettuata, all'interno di un ciclo, a tutti gli elementi di una matrice:

```
for(int i=0; i<8; i++) {
    for(int j=0; j<10; j++) {
        matrice[i][j] = rand();
    }
}
```

Esempio:

```
void stampa_tabella(int tab[][10], int righe, int colonne)
{
    for(int i=0; i<righe; i++) {
        for(int j=0; j<colonne; j++) {
            printf("%4d",tab[i][j]);
        }
        printf("\n");
    }
}

int main()
{
    int tabella [10][10];

    for(int i=0; i<10; i++) {
        for(int j=0; j<10; j++) {
            tabella[i][j]=i*j;
        }
    }
    stampa_tabella(tabella, 10, 10);

    return 0;
}
```

Modifiche:

```
tabella[i][j]=(i+1)*(j+1)
```

```
for(int i=1; i<=10; i++) {
    for(int j=1; j<=10; j++) {
        tabella[i-1][j-1]=i*j;
    }
}
```

Inizializzazione

```
int sq[2][3]={{5,6},{7,8}};        5      6      0
                                   7      8      0

int sq[2][3]={5,6,7,8};            5      6      7
                                   8      0      0
```

Passaggio di parametri

Il passaggio di un array a più dimensioni a una funzione avviene, come per i vettori, per indirizzo.

Nella dichiarazione della funzione solo la prima dimensione può rimanere vuota, tutte le altre (una per le matrici) devono contenere il valore di allocazione. Questo perché, il compilatore C deve conoscere, oltre all'indirizzo iniziale della matrice, la lunghezza di ogni riga per poter accedere correttamente ai vari elementi dell'array anche all'interno della funzione.

È però importante sapere che anche in questo caso l'informazione sulla dimensione richiesta nei cicli non viene letta direttamente nell'array. Deve perciò essere passata.

Esempio

Vogliamo "analizzare" la caduta di pioggia mensile durante 5 anni. L'utilizzo di una matrice per registrare i dati sembra essere la soluzione migliore. Altre possibilità sarebbero infatti:

Utilizzare 60 variabili.

Utilizzare un unico vettore di 60 elementi.

Utilizzare 5 vettori da 12 elementi l'uno.

Una matrice 5x12 ci permette invece di gestire in un'unica struttura di dati l'intero insieme di valori.

```
float pioggia[5][12];
```

I dati da inserire nella matrice andrebbero letti da un file che si occupa della loro registrazione persistente. Visto che non abbiamo ancora trattato l'argomento dei file, per praticità inizializziamo la matrice all'interno del programma.

```
#define MESI 12
#define ANNI 5


void pioggia_anno(float pioggia[][MESI], int max_mese, int max_anno)
{
    float subtot, totale;
```

```
      printf("PIOGGIA  ANNO (cm)\n\n");
      for (int anno=0,totale=0; anno< max_anno;anno++){
         for (int mese=0, subtot=0; mese< max_mese; mese++) {
            subtot += pioggia[anno][mese];
         }
         printf("%6d  %5.1f\n", 2000+anno, subtot);
         totale += subtot;
      }
      printf("\nLa media annuale è di %2.1f cm\n\n", totale/max_anno);
   }

   void media_mensile(float pioggia[][MESI], int max_mese, int max_anno)
   {
      float subtot;

      printf("MEDIA MENSILE\n\n");
      printf(" Gen Feb Mar Apr Mag Giu Lug Ago Set Ott Nov Dic\n");
      for (int mese=0; mese<max_mese;mese++){
         for(int anno=0, subtot=0; anno< max_anno; anno++)
            subtot += pioggia[anno][mese];
         printf("%4.1f ",subtot/max_anno);
      }
      printf("\n");
   }

   int main()
   {
      float dati_pioggia[ANNI][MESI]=
       {{10.2, 8.1, 6.8, 4.2, 2.1, 1.8, 0.2, 0.3, 1.1, 2.3, 6.1, 7.4},
        {9.2, 9.8, 4.4, 3.3, 2.2, 0.8, 0.4, 0.0, 0.6, 1.7, 4.3, 5.2},
        {6.6, 5.5, 3.8, 2.8, 1.6, 0.2, 0.0, 0.0, 1.3, 1.2, 2.6, 4.3},
        ...};

      pioggia_anno(dati_pioggia,MESI,ANNI);
      media_mensile(dati_pioggia,MESI,ANNI);

      return 0;
   }
```

Output

```
PIOGGIA  ANNO (cm)

  2000    50.6
  2001    41.9
  2002    29.9
  2003    39.9
  2004    31.5

La media annuale è di 40.8 cm

MEDIA MENSILE

Gen  Feb  Mar  Apr  Mag  Giu  Lug  Ago  Set  Ott  Nov  Dic
8.7  7.8  5.0  3.4  2.0  0.9  0.2  0.1  1.0  1.7  4.3  5.6
```

6.6. Stringhe

Abbiamo visto che è possibile definire un array per qualsiasi tipo primitivo. C'è però un array particolare che viene trattato in modo diverso. Si tratta del vettore (array a una dimensione) di caratteri.

Questo vettore, più comunemente chiamato stringa, è molto utilizzato e, per praticità, utilizza un elemento particolare che serve a identificare la fine della stringa. Questo elemento è il carattere '\0'.

L'elemento '\0' alla fine permette di determinare la fine della stringa indipendentemente dalla dichiarazione del vettore, questo facilita le operazioni sulle stringhe.

Infatti, visto che il contenuto delle stringhe cambia spesso lunghezza, la dimensione di una stringa non è più intesa come la dimensione di allocazione (questa semmai è la lunghezza massima), ma come dimensione attuale del contenuto.

In altre parole, se spostassimo il carattere '\0' all'indice 2 della stringa visualizzata precedentemente, otterremmo una nuova stringa ("ci") di lunghezza 2.

La funzione che determina la lunghezza è la seguente:

```
int lunghezza(char str[])
{
    int i=0;
    while(str[i]!='\0') {    /* while(str[i])  */
        i++;
    }

    return i;
}
```

Le stringhe come argomento di funzione si comportano esattamente come gli altri vettori.

Dichiarazioni

La stringa può essere dichiarata e inizializzata esattamente come un vettore qualsiasi, oppure può fare uso di una terza opzione, che permette l'inizializzazione in un modo più semplice:

```
char str1[10];

char str2[] = {'a','b','c'};

char str3[] = "abc";
```

Gets e puts

Queste due funzioni della stdio.h servono a leggere e a scrivere un'intera stringa. Gets legge tutti i caratteri fino al *newline*, introducendo nella stringa anche il carattere di fine stringa, non il *newline*.

```
#include <stdio.h>

int main()
{
    char stringa[100];
    printf("Introdurre una stringa: ");
    gets(stringa);
    puts(stringa);

    return 0;
}
```

La funzione gets() è ritenuta essere problematica, visto che la stringa letta potrebbe superare la dimensione allocata.

Per questo motivo è più sicuro (e alcuni compilatori lo propongono con un avvertimento) utilizzare la funzione *fgets()*, che ha la stessa funzionalità, ma permette un maggiore controllo, permettendo di passare la dimensione massima come secondo parametro.

Il terzo parametro specifica in modo esplicito che la lettura va eseguita da standard input.

Una differenza importante è che *fgets()*, se lo trova prima del limite dato come argomento, registra il carattere di *newline*, mentre *gets()* non lo fa mai.

```
#include <stdio.h>

int main()
{
    char stringa[100];
    printf("Introdurre una stringa: ");
    fgets(stringa, 100, stdin);
    puts(stringa);

    return 0;
}
```

Questa chiamata legge un massimo di 99 caratteri da stdin (se non trova un *newline* prima) e aggiunge un '\0' come ultimo carattere di *stringa*.

Utilizzo con scanf

Abbiamo visto nel capitolo su input/output che la funzione *scanf* richiede come parametro non la variabile, ma l'indirizzo della variabile in cui inserire il contenuto letto da *stdin*.

```
int valore;
...
scanf("%d",&valore);
```

L'operazione scanf consente anche la lettura di un'intera stringa alla volta. In questo caso il valore da passare è l'indirizzo dell'array di caratteri (stringa) in cui si intende copiare il valore di input.

Siccome il nome di riferimento di una stringa corrisponde già al suo indirizzo iniziale, è necessario omettere il simbolo &.

```
char frase[20];
...
scanf("%s", frase);
```

6.7. Operazioni su stringhe

Nella libreria standard <string.h> sono presenti le seguenti funzioni per l'elaborazione di stringhe:

strcat	concatena due stringhe
strncat	aggiunge al massimo n caratteri di una stringa alla fine di un'altra
strcmp	confronta due stringhe
strncmp	confronta al massimo n caratteri di due stringhe
strcpy	copia una stringa
strncpy	copia al massimo n caratteri di una stringa

strlen	numero di caratteri un una stringa (senza '\0')
strchr	trova la prima occorrenza di un carattere in una stringa
strrchr	trova l'ultima occorrenza di un carattere in una stringa
strpbrk	trova la prima occorrenza di un carattere di un set in una stringa
strtok	legge la stringa in simboli
strspn	restituisce il numero di caratteri in una stringa che appartengono ad un set predefinito
strcspn	restituisce il numero di caratteri in una stringa che non appartengono ad un set predefinito

Vediamo ora di commentare le funzioni più importanti e più utilizzate. Ne vedremo altre più avanti quando tratteremo i puntatori.

strcpy e strncpy

La funzione *strcpy* accetta due argomenti: il primo stabilisce la stringa di "arrivo", il secondo quella di "partenza":

```
strcpy(arrivo,partenza).
```

Il terzo argomento della *strncpy* serve invece a stabilire quali elementi vengono copiati.

```
int main()
{
    char stringa[20];

    strcpy(stringa,"test di stringa");
    printf(stringa);

    return 0;
}

--> test di stringa

int main()
{
    char s1[]="test di stringa", s2[30];

    strcpy(s2,s1);
    puts(s2);
    strncpy(s2,s1,4);
    s2[4]='\0';          /* necessario */
    puts(s2);
    strncpy(s2,s1,30);
    puts(s2);

    return 0;
}

--> test di stringa
    test
    test di stringa
```

strcat e strncat

La funzione *strcat* accetta due argomenti di tipo stringa (o puntatore a carattere). Aggiunge il secondo argomento alla fine del primo.

La funzione *strncat* è simile alla prima, ma accetta un terzo argomento. Si tratta di un intero che specifica il numero massimo di caratteri da copiare dalla seconda stringa.

Entrambe aggiungono il carattere di fine stringa.

```
int main()
{
    char s1[20], s2[]=" di stringa";

    strcpy(s1,"test");
    strcat(s1,s2);
    printf(s1);

    return 0;
}

--> test di stringa


int main()
{
    char str1[50] = "test di ";
    char str2[] = "stringa";

    strncat(str1,str2,3);
    printf(str1);

    return 0;
}

--> test di str
```

strcmp e strncmp

Entrambe le funzioni confrontano due stringe e danno come risultato un valore intero:

```
<0 se s1<s2
=0 se s1==s2
>0 se s1>s2
```

La funzione restituisce quindi 0 (falso) quando le stringhe coincidono. Questo può creare un po' di confusione nei controlli di condizione. La condizione sarà infatti *vera*, quando il risultato è diverso da zero, quindi quando le due stringhe sono diverse.

La seconda funzione, *strncmp*, ha un terzo argomento che permette di limitare il confronto alle prime n lettere.

```
int controlla-psw(char psw[])
{
    char parola[10];

    printf("password: ");
    fgets(parola, 10, stdin);
    if (strcmp(parola,psw)){
        printf("Password sbagliato!");
        return 0;
    }
    return 1;
}
```

```
int main()
{
    char s1[]="string1",
         s2[]="string2";

    printf("%d\n", strcmp(s1,s2));
    printf("%d\n", strcmp(s2,s1));
    printf("%d\n", strncmp(s1,s2,6));

    return 0;
}

--> -1
     1
     0
```

strlen

La funzione strlen ha come argomento una stringa e restituisce in un intero la sua lunghezza. La lunghezza corrisponderà al numero di elementi fino al carattere '\0', non compreso.

```
int main()
{
    char string[50];

    printf("Introdurre una sequenza di caratteri");
    fgets(string, 50, stdin);
    for(int i = strlen(string)-1; i>=0; i--){
        printf("%c", string[i]);
    }

    return 0;
}

int main()
{
    char str[]="test di stringa";

    printf("%d\n",strlen(str));
    printf("%d\n",strlen(""));
    printf("%d\n",strlen("\t\n"));

    return 0;
}

--> 15
     0
     2
```

6.8. Operazioni su caratteri

Le operazioni sui caratteri vengono suddivise in due categorie principali: classificazione e conversione.
Tutte le dichiarazioni si trovano in <ctype.h>.
Ogni funzione che fa parte della prima categoria ha un nome con il prefisso *is*, e restituisce un elemento di tipo *int* di valore zero (*false*) o diverso da zero (*true*).

isalnum	verifica se il carattere passato è alfanumerico (isalnum(c) == isalpha(c) || isdigit(c))
isalpha	carattere alfabetico [A..Z] || [a..z]
isascii	verifica se il carattere si trova tra il codice 0 e 127. Non fa parte di ISO C

iscntrl	carattere di controllo [0..31] e 127
isprint	complementare a iscntrl, carattere visualizzabile
ispunct	carattere di punteggiatura
isdigit	carattere numerico
isgraph	carattere grafico (tutti i caratteri "isprint" tranne space)
islower	carattere minuscolo
isodigit	cifra ottale (non ISO)
iscsym	carattere da usare in un identificatore in C (non ISO)
iscsymf	carattere da usare all'inizio di un ident (non ISO)
isspace	spazi ('\t', '\r','\n','\v','\f',' ')
isupper	carattere maiuscolo
iswhite	tutti i caratteri vuoti (non solo spazi)
isxdigit	cifra esadecimale

Ogni funzione che appartiene alla seconda categoria ha invece il prefisso to e restituisce un valore intero che rappresenta un carattere o il valore EOF.

toint	restituisce il valore di una cifra esadecimale (non ISO)
toascii	restituisce il valore dei 7 bit meno significativi (0..127) (non ISO)
tolower	trasforma in minuscolo
toupper	trasforma in maiuscolo

La funzioni *tolower()* e *toupper()* non hanno sempre un funzionamento appropriato nel caso in cui il carattere sia arbitrario. La soluzione giusta dovrebbe comportarsi come la seguente:

```
int my_tolower(int ch)
{
    if (isupper(ch)) {
        return tolower(ch);
    } else {
        return ch;
    }
}
```

ANSI C definisce un insieme parallelo di funzioni che lavorano su *wide characters*. Queste funzioni hanno prefissi *isw* e *tow*.

7. Modularizzazione

Con la modularizzazione si realizza il secondo livello di astrazione. Il primo, come abbiamo già visto, è costituito dalla funzione.

7.1. Funzioni di utilità

Un motivo molto semplice per dover definire un modulo separato è quello di voler mantenere l'implementazione di un certo numero di funzioni separato, allo scopo di riutilizzare le stesse funzioni in altri programmi, senza doverle ricopiare ed avere così più copie delle stesse funzioni.

Supponiamo di voler includere la funzione di pulizia dello schermo in un modulo separato.

Chiamiamo la funzione *clearscreen()* e la inseriamo nel modulo *clear*.

Il modulo deve consistere di due file: il file di header, che chiamiamo *clear.h* e il file di implementazione che chiamiamo con lo stesso nome (non è una regola, ma è buon uso): *clear.c*

Il file di header conterrà il prototipo della funzione con alcune istruzioni di preprocessore che vedremo in seguito:

```
#ifndef __CLEAR__
#define __CLEAR__

void clearscreen();

#endif
```

L'implementazione della funzione sarà invece contenuta del file *clear.c*, che includerà sempre (anche se in questo particolare esempio non sarebbe necessario) il file di header:

```
#include "clear.h"

void clearscreen()
{
   printf("\033[2J");
   printf("\033[1;1H");
}
```

Il file che utilizza la funzione dovrà a sua volta includere il file di header per poter compilare le chiamate alla funzione.

L'aggancio dell'implementazione viene invece eseguito durante il *link*.

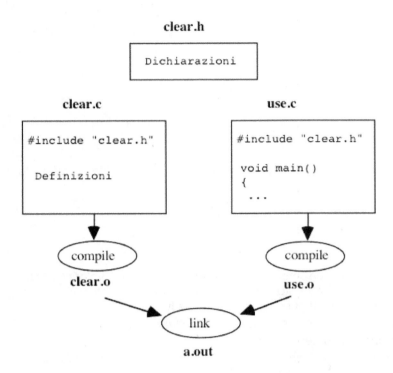

7.2. Variabili globali

Le variabili globali, quelle cioè dichiarate fuori da ogni funzione, in C sono accessibili da ogni modulo del programma.
Una dichiarazione come la seguente:

```
int global_variable;
```

determina l'allocazione di memoria e il suo accesso attraverso il simbolo "global_variable".
La variabile è così accessibile da ogni modulo, ma, per il momento, solo visibile all'interno di quello in cui è dichiarata.
Rimangono quindi due opzioni: ridurre l'accesso al solo modulo in cui la variabile è visibile, oppure allargarne la visibilità ad altri moduli.
Per questi scopi vengono allora utilizzate due parole chiave: *static* e *extern*.

Se in un modulo, la variabile globale viene dichiarata in questo modo:

```
static int global_variable;
```

significa che non solo la visibilità, ma anche l'accesso alla memoria in questione viene limitata al modulo in cui la variabile è dichiarata.
Se invece un altro modulo desidera avere visibilità su una variabile dichiarata in un certo modulo (ad esempio "global_variable" non dichiarata come static, quindi con accesso globale), lo può fare con la seguente definizione:

```
extern int global_variable;
```

Attenzione: non si tratta di una nuova variabile. Il senso di questa definizione è quello di avvisare il compilatore che esiste una variabile dal nome *global_variable*, di tipo intero, specificata in un altro modulo. Il programma desidera potervi accedere, senza per questo allocare nuova memoria, visto che un altro modulo già l'ha fatto.

Ci possono essere più dichiarazioni *extern* della stessa variabile, visto che la stessa potrebbe essere usata in più moduli. Addirittura è possibile dichiarare una variabile *extern* all'interno di una funzione: in questo caso significa che solo la funzione accede alla variabile globale specificata in un altro modulo.

Perciò, se una variabile globale dichiarata in *file1.c* dev'essere utilizzata anche in *file2.c* e *file3.c*, la stessa va definita come *extern* in questi ultimi due file. La prassi indica che in questi casi si usa definire la dichiarazione *extern* in un file di intestazione (*file1.h*), incluso da *file2.c* e *file3.c*.

La parola chiave *extern* applicata al prototipo di una funzione (ad esempio alle dichiarazioni che si trovano in un file .h) non serve a niente, considerato che queste dichiarazioni sono sempre per utilizzo esterno.

Una funzione all'interno del file .c può invece essere implementata con *static* davanti. Questo ne riduce l'accesso al modulo in cui si trova.

7.3. Esempio: stack

Per mostrare l'utilità della modularizzazione consideriamo l'esempio dell'implementazione della funzionalità di una memoria a stack.

La memoria a stack funziona secondo il principio *last-in-first-out* (LIFO), cioè l'elemento letto (o tolto) corrisponde all'ultimo che era stato inserito.

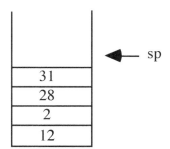

In uno stack sono permesse le seguenti tre operazioni: *push()* (inserisce un nuovo elemento nello stack), *pop()* (estrae un elemento dallo stack) e *top()* (legge l'ultimo elemento inserito nello stack).

Una possibile applicazione dello stack è quella della calcolatrice in notazione polacca (postfix):

    3 1 - 4 5 + *
    -> 2 9 * -> 18

7.4. Astrazione sui dati

La possibilità di definire le funzioni e la struttura dati dello stack in un modulo separato ci permette di nascondere alcuni dettagli usati nell'implementazione della coda LIFO che non interessano chi questa coda deve solo utilizzarla. Si realizza con ciò un'astrazione sui dati.

Chi utilizza lo stack deve semplicemente conoscere i prototipi delle funzioni di accesso, definite come funzioni di interfaccia (push, pop, top).

Le funzioni di interfaccia devono essere dichiarate in un file di intestazione che avrà, di norma, lo stesso nome del file che contiene l'implementazione.

<u>stack.h</u>	->	contiene le dichiarazioni delle funzioni
<u>stack.c</u>	->	contiene #include <stack.h> e l'implementazione dello stack
<u>test.c</u>	->	contiene #include <stack.h> e la funzione di test (programma principale).

<u>Osservazioni</u>

1) In questo modo, se cambio il programma principale, non ho bisogno di modificare e ricompilare lo stack.

2) Vale anche il contrario, a patto che l'interfaccia rimanga uguale.

3) Compilazione separata e indipendente.

4) link main, stack

7.5. Preprocessore

<u>#include</u>:

questo comando permette di copiare il testo di un file in un altro. #include <stack.h> all'interno di stack.c copia il contenuto del primo file nel secondo.

Quando ci sono tanti #include diventa necessario un meccanismo di controllo che eviti di includere più volte lo stesso testo.

main.c

```
#include "stack.h"
#include "abc.h"
```

abc.h

```
#include "stack.h"
```

<u>#ifndef</u>:   controlla se una costante è già stata dichiarata. Dichiarando una costante quando viene eseguito l'include di un determinato file e utilizzando questo comando permette di garantire che l'include vanga effettuato una sola volta.

```
#ifndef __stack__
#define __stack__
....
#endif
```

7.6. Prima implementazione

Vediamo una prima implementazione semplice, senza gestione degli errori, della struttura dati e delle funzioni *full()* e *push()*.
File *stack.h*:

```
#ifndef __STACK__
#define __STACK__

    void push(int);
    int pop();
    int top();

#endif
```

File *stack.c* (non completo):

```
#include "stack.h"
#define MAX 20

static int stack[MAX];
static short sp = 0;

static int full()
{
    return (sp == MAX);
}

void push(int elt)
{
    if (!full()) {
        stack[sp++] = elt;
    }
}
```

Osservazioni

- La variabile *sp* serve a mantenere la posizione attuale dello stack. Indica sempre la posizione successiva a quella che contiene l'ultimo elemento.

- La funzione *full()* è d'uso interno, per questo non è stata dichiarata nel file di header e la sua implementazione è preceduta da *static*.

- Il fatto di non dichiarare una funzione o una variabile nel file di header, non garantisce, in C, l'inaccessibilità degli elementi (un modulo esterno potrebbe accedervi, definendo la variabile come *extern*). Per assicurare questo da un punto di vista "fisico", oltre a quello "logico" garantito dall'esistenza di *stack.h*, è necessario definire come *static*, la visibilità degli elementi che non si intende rendere pubblici.

  Con questo qualificatore la visibilità rimane limitata al file in cui sono definiti.

7.7. Osservazioni sull'implementazione

Gestione degli errori interna/esterna

Ci sono vari modi per gestire gli errori all'interno dello stack. Ne consideriamo tre: la gestione completamente interna, quella completamente esterna e quella ibrida, con l'aiuto di una funzione di errore.

- *Gestione interna*

  Per gestione interna si intende che la funzione di *push* deve controllare al suo interno se lo stack è pieno e dare eventualmente un messaggio di errore. Stessa cosa vale per la funzione *pop* e *top*.

  Il problema con questo approccio si ha con le funzioni che ritornano un valore: pop e top, infatti, ritornano esternamente un risultato anche se hanno dato un messaggio di errore.

  Ci sono due metodi per evitare questo: chiamando in pop e top la funzione di libreria *exit* (<stdlib.h>) che interrompe l'esecuzione del programma, oppure ritornando un valore particolare stabilito all'inizio e registrato in una costante di "stack.h". Il programma principale deve sapere che nessun elemento con quel valore potrà essere inserito nello stack.

  La funzione di push avrà il seguente aspetto:

  ```
  void push(int elt)
  {
    if (!full()) {
      stack[sp++]=elt;
    } else {
      printf("Stack pieno!\n");
      exit(0);
    }
  }
  ```

  La chiamata dall'esterno sarà semplicemente:

  ```
  push(3);
  ```

- *Gestione esterna*

  In *stack.h* si esportano anche le funzioni *full()* e *empty()*, che servono a stabilire dall'esterno se lo stack è pieno o vuoto. Prima di ogni operazione di *push* si deve controllare se lo stack è pieno, in caso affermativo non si esegue l'operazione. Stessa cosa vale per *pop* e *top*.

  Il messaggio di errore deve quindi essere gestito all'esterno.

  Visto che la responsabilità del controllo viene data all'esterno, per sicurezza è comunque meglio che lo stack controlli ugualmente al suo interno, chiamando direttamente *exit* in caso si cerchi di effettuare un'operazione non permessa.

  La funzione di push avrà il seguente aspetto:

  ```
  void push(int elt)
  {
    if (!full()) {
      stack[sp++]=elt;
    } else {
      exit(0);
    }
  }
  ```

  La chiamata dall'esterno sarà:

  ```
  if (!full()) {
    push(3);
  } else {
    printf("Stack pieno!\n");
  }
  ```

- *Gestione ibrida*

  In *stack.h* si esporta la funzione *error()* che comunica al programma principale se c'è stato un errore durante l'esecuzione di un'operazione dello stack. La funzione ha il compito di leggere da una variabile interna se c'è stato un errore.

La funzione di push avrà il seguente aspetto:

```
void push(int elt)
{
    err = 0;
    if (!full()) {
        stack[sp++]=elt;
    } else {
        err = 1;
    }
}
```

La chiamata dall'esterno sarà:

```
push(3);
if (error() == 1){
    printf("Stack pieno!\n");
}
```

7.8. Applicazione: calcolatrice

Una possibile applicazione del modulo stack è quella associata al funzionamento della calcolatrice vista in precedenza.

Si tratta di realizzare un programma principale che legga l'input dell'utente. Quando viene inserito un valore numerico il valore viene inserito nello stack, quando invece viene inserito un operatore, il programma toglie gli ultimi elementi dallo stack, esegue l'operazione e inserisce il risultato in cima allo stack.

Per poter decidere se un valore in input è un valore numerico o un operatore, è necessario leggere tutto come stringa e poi eventualmente convertirla.

Di seguito viene mostrata una funzione in grado, in modo molto semplice, di fare questa distinzione:

```
#define IS_NUMBER 1

...

int getop(char str[])
{
    printf("> ");
    scanf("%s",str);
    for(int i=0; str[i]; i++) {
        if (!isdigit(str[i])) {
            return str[i];
        }
    }

    return IS_NUMBER;
}

int main()
{
    ...
    while((type=getop(inputstr))!='q'){
        switch(type){
            case IS_NUMBER: ...
            case '+': ...
    ...

    return 0;
}
```

7.9. Utilizzo di più istanze

Gli esempi trattati fin'ora permettono l'utilizzo di un'unica istanza della struttura dati specificata nel modulo. In altre parole, riferendosi all'esempio dello stack, non è possibile, con l'implementazione attuale, utilizzare due o più istanze di stack, mantenendone i valori indipendenti. Questo perché, per nascondere i dettagli di implementazione, l'intera struttura dati è stata inserita nel modulo.

Per risolvere questo problema, nel caso in cui fosse necessario avare a disposizione più istanze contemporaneamente, la struttura dati dovrebbe essere accessibile dall'esterno e passata ad ogni chiamata, dovremo, in altre parole, spostare la definizione della struttura dati del file di header.

Il linguaggio C non prevede il concetto di "tipo opaco", presente in altri linguaggi procedurali e quindi un passaggio del genere apre per forza di cose le porta all'accesso ai dettagli implementativi della struttura dati. Infatti, una volta che la definizione si trova nell'interfaccia, viene meno il principio dell'occultamento dell'informazione, visto che una programmazione poco attenta potrebbe accedere direttamente alla struttura dati di *stack*, modificandone i contenuti, senza usare le funzioni di interfaccia.

Considerato che per un utilizzo con più istanze è necessario specificare i dati in un'unica struttura dati, come unico elemento, per vedere un esempio dovremo aspettare il capitolo sulle strutture.

7.10. Errori con funzioni di libreria

Ora che abbiamo visto il significato della gestione degli errori, possiamo verificare come questa viene realizzata in C per i problemi che si possono verificare durante le chiamate di funzioni di libreria.

La gestione è simile alla ibrida vista in precedenza, con però alcuni svantaggi: la variabile di errore è accessibile direttamente, quindi può essere modificata, inoltre non viene inizializzata a zero dalla funzione stessa, ma dev'essere inizializzata dal programma che esegue la chiamata.

La variabile è di tipo intero e si chiama *errno* ed è definita nel file *<errno.h>*.

L'utilizzo tipico è quello di mettere il valore a zero prima della chiamata e controllarlo in seguito:

```
errno = 0;
y = sqrt(x);
if (errno){
    printf("Errore %d nella chiamata sqrt!\n",errno);
    y = 0;
}
```

È anche possibile avere accesso ad un messaggio d'errore attraverso la funzione *perror()*. Il parametro è una stringa a scelta (anche NULL) da visualizzare prima del messaggio d'errore corrispondente al codice di errno.

```
errno = 0;
y = sqrt(x);
if (errno){
    perror("Errore in sqrt");
    y = 0;
}
```

Un possibile output nel caso effettivo di errore sarebbe:

```
Errore in sqrt: domain error
```

Sono definite alcune costanti simboliche corrispondenti ad errori tipici:

EDOM:

> L'argomento di una funzione matematica è risultato essere fuori dominio.

ERANGE:

> Risultato della funzione non è visualizzabile, perché supera la capacità della rappresentazione richiesta.

8. Conversioni e casting

8.1. Conversioni di tipo

Quando un operatore ha operandi di tipo diverso, questi vengono convertiti in un tipo comune, secondo un ristretto insieme di regole. In generale, le uniche conversioni automatiche sono quelle che trasformano un operando "più piccolo" in uno "più grande" senza perdita di informazione, come nel caso di una conversione di un intero in un float, in espressioni del tipo f+i.

Espressioni prive di senso non sono consentite (indicizzare con float, ecc.).

Espressioni che possono causare perdite di informazione, come l'assegnamento di un intero a un short, vengono tollerate, generando al limite un messaggio di warning da parte del compilatore.

Conversione stringa-intero

La seguente funzione ha come parametro una stringa, la converte in un valore intero e la restituisce come risultato:

```
int atoi(char s[])
{
    int n=0;

    for (int i=0; isdigit(s[i]); ++i) {
        n= 10 * n + s[i] - '0';
    }

    return n;
}
```

La biblioteca standard con header <stdlib.h> definisce una famiglia di funzioni che forniscono meccanismi di controllo e conversione indipendenti dal set di caratteri.

La funzione *atoi()* di biblioteca è un po' più complessa di quella appena vista. Tiene conto di eventuali caratteri vuoti prima del valore numerico e considera la possibilità di utilizzare il segno:

```
int atoi(char s[])
{
    int i, n, segno;

    for(i=0; isspace(s[i]); i++)
        ;
    if (s[i]=='-') {
        segno = -1;
    } else {
        segno = 1;
    }
    if (s[i]=='+' || s[i]=='-') {
        i++;
    }
    for (i=0; isdigit(s[i]); i++) {
        n = 10*n+ s[i]-'0';
    }

    return segno*n;
}
```

Le funzioni sono mostrate nella seguente tabella:

double atof(char str[])	da stringa a double
int atoi(char str[])	da stringa a int
long atol(char str[])	da stringa a long

Nella definizione di ANSI C le funzioni appena menzionate sono presenti per questioni di compatibilità, perché molto usate. Sarebbero però da preferire le funzioni *strtod()*, *strtol()* e *strtoul()* definite in *<stdlib.h>*. Queste richiedono la comprensione dei puntatori, che vedremo in seguito.

Funzione sprintf

Si tratta di una funzione simile alla più nota *printf()*. Non esegue però nessun output su schermo o su file, bensì "scrive" il valore dei parametri in un array di caratteri. L'array è dato come primo argomento.
L'utilità di questa funzione è facilmente intuibile: permette di convertire diversi tipi di oggetto in una semplice sequenza di caratteri.

```
char buf[100], *cmd="pr -w", *file = "/tmp/data";
sprintf(buf,"%s %d %s", cmd, 80, file);
```

Funzione sscanf

Simmetricamente a sprintf esiste una funzione sscanf che permette di leggere una stringa data come primo argomento e convertirne il contenuto in accordo al formato specificato nel secondo argomento. La sequenza di argomenti che seguono specifica le variabili in cui vanno registrati i valori convertiti.
Viene di solito utilizzata per separare i vari elementi di un'intera linea letta in precedenza.
Consideriamo, ad esempio, di avere i seguenti caratteri contenuti in una stringa di nome *buf*:

```
123.456 + 595.36
```

e le seguenti dichiarazioni di variabili:

```
float val1, val2;
char op;
```

La chiamata di sscanf per leggere il contenuto di buf nelle variabili appena dichiarate è:

```
sscanf(buf,"%f %c %f", &val1, &op, &val2);
```

8.2. Casting

Il casting è un operatore unario che permette di forzare determinate conversioni. Un cast vuol dire assegnare un'espressione o il valore di una variabile ad un elemento di un altro tipo.

```
int n;
sqrt ((double) n)    /* n rimane inalterato */
```

In realtà, in questo caso, la conversione viene fatta automaticamente, perchè la funzione è stata definita con il tipo:

```
double sqrt (double);
```

Altro esempio:

```
int trunc(double f)
{
    return (int)f;
}
```

Il seguente esempio mostra dove è utile il casting, altri esempi li vedremo nel capitolo riguardante i puntatori.

```
#include <stdio.h>
#include <stdlib.h>

int main()
{
    int random;
    float f;

    random=rand();

    printf("Rand: %d\n", random);
    printf("Float: %f\n",((float)random/INT_MAX)*9);
    printf("Int:   %d\n",(int)((float)random/INT_MAX)*9);

    return 0;
}
```

Sintassi:

```
(tipo) espressione
```

Altro esempio:

```
double d=2.4;
int i=(int)d   /* d non viene modificato*/
int m=1, n=2;
d=(double)m/(double)n;      --> 0.5
d=m/n                       --> 0.0
```

9. Puntatori

Un puntatore è definito come una variabile che contiene l'indirizzo di un'altra variabile.

I puntatori sono molto utilizzati in C, soprattutto perché permettono di scrivere codice più compatto ed efficiente. Questo introduce però due rischi: il primo è quello di scrivere codice perfettamente illeggibile, il secondo di introdurre nuove fonti di errore difficili da individuare. È necessario procedere con disciplina per ridurre gli inconvenienti.

I puntatori vengono però usati anche per altri scopi: costituiscono il metodo con il quale le funzioni possono modificare i loro argomenti e, come vedremo in un altro capitolo, consentono di utilizzare le routine di allocazione dinamica del C.

Vedremo inoltre nel corso del capitolo che puntatori e array sono molto legati tra di loro

9.1. Indirizzi di memoria

Un puntatore è un gruppo di celle (solitamente 4 se lo pensiamo come numero intero) che contiene un indirizzo di memoria. Se consideriamo la memoria come sequenza continua di celle, se c è un `char` (1 byte) e p un puntatore che punta a c, abbiamo la situazione seguente: p contiene l'indirizzo di c.

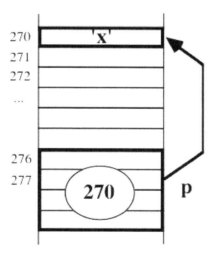

Ogni elemento della memoria ha un suo indirizzo.

Se una variabile deve contenere un puntatore deve essere dichiarata come tale. La dichiarazione di un puntatore è formata da un tipo base, un asterisco e un nome di variabile. La forma generale di dichiarazione di una variabile puntatore è la seguente:

```
tipo *nome;
```

Dove il tipo è il tipo di base del puntatore e può essere un qualsiasi tipo C. L'identificatore nome stabilisce invece il *nome* della variabile.

Anche se tutti i puntatori contengono indirizzi, quindi teoricamente ogni puntatore potrebbe puntare a un qualsiasi tipo, è importante distinguere il tipo, perché l'aritmetica dei puntatori, che vedremo più avanti, si basa su questa distinzione.

9.2. Operatore &

L'operatore & è un operatore unario che restituisce come risultato non il contenuto, ma l'indirizzo di una determinata variabile (operando).
L'operazione

```
mem = &count;
```

assegna alla variabile *mem* l'indirizzo di memoria della variabile *count*. Questo indirizzo corrisponde all'indirizzo della variabile nella memoria fisica del calcolatore.

270	...
271	'a'
272	'b'
...	...
	...
	...
276	...
277	...
278	...
279	'c'
280	'i'
281	'a'
...	'o'
	'\0'

```
char ch1 = 'a';
     ch2 = 'b';
char str[]="ciao";
```

Corrispondenze:

```
&ch1 == 271
&ch2 == 272
&str[0] == str == 279
```

Dopo l'esecuzione dell'espressione precedente

```
mem = &count;
```

in cui viene assegnato a *mem* l'indirizzo della variabile *count*, si dice anche che *mem* punta a *count*.
Da notare:

- L'indirizzo di una sequenza di byte corrisponde all'indirizzo del primo byte.
- L'operatore & può essere usato con variabili semplici o elementi di vettori, ma non con espressioni.
- La grandezza di un pointer è indipendente dalla grandezza del tipo puntato.

Definizione di un pointer

```
short i;              -> tipo: short
short *p_to_short;    -> tipo: short *

i = 1023;
p_to_short = &i;
```

Situazione nella memoria, considerando che un elemento di tipo *short* occupa 2 byte e un puntatore ne occupa 4. La rappresentazione viene data in esadecimale (1023 == 0x03FF, 270 == 0x00000118):

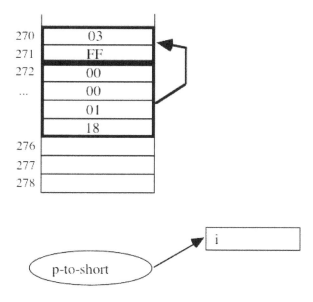

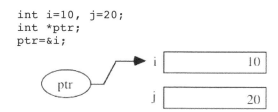

9.3. Operatore *

L'operatore * viene detto operatore di deriferimento o di indirezione e serve a leggere il contenuto della variabile a cui il puntatore si riferisce.
Quando viene applicato ad un puntatore, esso accede all'oggetto puntato. Per tornare all'esempio precedente

```
mem = &count;
```

se *count* avesse valore 10 e indirizzo 1000, *mem* conterrebbe 1000, ma l'espressione

```
*mem
```

permetterebbe di leggere il contenuto di count, cioè 10.

Esempio

```
int i=10, j=20;
int *ptr;
ptr=&i;
```

```
1) *ptr =233;

2) ptr=&j;

3) *ptr=144;
```

Osservazioni:

- Non confondere l'operatore * di indirezione con il segno di moltiplicazione.
- Non confondere l'operatore di indirizzo & con l'operatore logico di AND bit a bit.
- Non confondere i due tipi di asterisco, che anche se sono imparentati, hanno un significato diverso, dipendente dal contesto:

```
int *ptr;    ==> dichiarazione di puntatore ad un intero
*ptr         ==> deriferimento di ptr
```

Esempi

```
int x=1, y=2, z[10];
int *ip;       /* puntatore ad un intero */

ip=&x;    /* ip punta a x */
y=*ip;    /* ora y vale 1 */
*ip=0;    /* ora x vale 0 */
ip=&z[0]; /* ora ip punta a z[0]  (cioè a z) */
```

Continuazione

```
z[0]=5;
y=*ip+1;    /* prende il contenuto della variabile
                puntata da ip, incrementa di 1 e
                registra il risultato in y */

*ip+=1     /* incrementa di 1 l'oggetto puntato da ip */

++*ip;    /* stessa cosa */
(*ip)++    /* stessa cosa, nota che *ip++ incrementa invece
               prima ip (indirizzo) e poi indireziona */
```

9.4. Parametri

Abbiamo visto che l'operatore & dà l'indirizzo nel quale è registrata una variabile. Se x è il nome della variabile &x è l'indirizzo della stessa.
Considerando che x contenga 24 e che si trovi all'indirizzo ipotetico 12'000, il comando:

```
printf("%d %u\n",x,&x);
```

stampa:

```
24 12000
```

Questo ci permette di analizzare cosa succede con le variabili e i parametri aventi lo stesso nome in un programma, cioè possiamo controllare se tutte le variabili o i parametri con nome uguale occupano lo stesso posto in memoria.

```
void fun(int secondo)
{
  int primo=10;

  printf("In fun: primo= %d &primo= %u\n", primo, &primo);
  printf("In fun: secondo=%d &secondo=%u\n",secondo,&secondo);
}

int main()
{
  int primo=2, secondo=5;

  printf("In main: primo= %d, &primo= %u\n", primo, &primo);
  printf("In main: secondo=%d,&secondo=%u\n",secondo,&secondo);
  fun(primo);

  return 0;
}
```

Risultato:

```
In main: primo = 2, &primo = 1000
In main: secondo = 5, &secondo = 1004
In fun: primo = 10, &primo = 2004
In fun: secondo = 2, &secondo = 2000
```

I valori delle variabili del main non vengono modificati nella funzione, perché vengono copiate in variabili diverse.

Problema

In alcuni casi si ha la necessità di riportare all'esterno le modifiche fatte a delle variabili all'interno di una funzione.

Partendo dal metodo per scambiare il valore tra due variabili *primo* e *secondo* utilizzando una variabile di "passaggio" *temp*:

```
temp=primo;
primo=secondo;
secondo=temp;
```

immaginiamo di voler scrivere una funzione che contenga questa operazione di scambio.
Un primo tentativo è il seguente:

```
void scambio(int u, int v)
{
  int temp;

  temp=u;
  u=v;
  v=temp;
}
```

Ora controllo il corretto funzionamento di scambio con la seguente chiamata di funzione nel programma principale:

```
int main()
{
    int primo=5, secondo=10;
```

```
        printf("Originali: primo=%d e secondo= %d\n",primo,secondo);
        scambio(primo,secondo);
        printf("Scambiati: primo=%d e secondo= %d\n",primo,secondo);

        return 0;
}

-->  Originali: primo= 5 e secondo= 10
     Scambiati: primo= 5 e secondo= 10
```

I valori non sono quindi stati scambiati. Inseriamo allora due chiamate a *printf()* nella funzione *scambio()* (uno all'inizio e uno alla fine) per vedere cosa non ha funzionato:

```
        printf("Originali: u=%d e v= %d\n",u,v);
        printf("Scambiati: u=%d e v= %d\n",u,v);

-->  Originali: primo= 5 e secondo= 10
     Originali: u= 5 e v= 10
     Scambiati: u= 10 e v= 5
     Scambiati: primo= 5 e secondo= 10
```

Questo significa che la funzione *scambio()* esegue il compito correttamente (i valori delle variabiili locali *u* e *v* sono stati scambiati), ma la comunicazione con *main()* non permette di passare i risultati.

La funzione *scambio()* usa variabili diverse da *main()* (passaggio per valore), perciò il cambiamento di *u* e *v* non si ripercuote su *primo* e *secondo*.

Un metodo per restituire i risultati potrebbe essere quello di utilizzare il *return*, ma ci permette di assegnare valori ad una variabile al massimo:

```
        primo=scambio(primo,secondo);
```

Visto che il problema è il passaggio per valore, che non consente alla funzione di accedere agli elementi usati nella chiamata, la soluzione è quella di passare i parametri per indirizzo, attraverso l'operatore &.

Naturalmente se passiamo degli indirizzi, gli argomenti della funzione devono essere dichiarati come puntatori, perché non dovranno più contenere valori di variabili intere, bensì indirizzi di variabili intere.

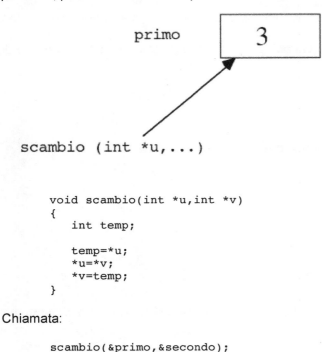

```
        void scambio(int *u,int *v)
        {
            int temp;

            temp=*u;
            *u=*v;
            *v=temp;
        }
```

Chiamata:

```
        scambio(&primo,&secondo);

-->  Originali: primo= 5 e secondo= 10
     Scambiati: primo= 10 e secondo= 5
```

Spiegazioni

- La chiamata *scambio(&primo,&secondo)* passa indirizzi e non valori, perciò i parametri di *scambio()* devono essere dichiarati come puntatori a *int* e non come *int*:

```
int *u, int *v
```

- In *scambio()*, però, sono i valori a dover essere scambiati, non gli indirizzi. Quindi temp dev'essere un intero normale:

```
int temp;
```

e lo scambio si ha con i valori indiretti (indirezione), altrimenti si scambierebbero gli indirizzi e non i valori.

```
temp= *u;
```

u contiene il valore di *&primo*, perciò *u* punta a *primo* e quindi il valore di *primo* lo si legge con *u*.

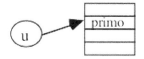

```
*u= *v;       /* assegna a primo il valore di secondo,
                 corrisponde a primo=secondo */
*v=temp;      /* assegna a secondo il valore di primo registrato in temp */
```

Riassumendo

- Desideravamo realizzare una funzione che fosse in grado di alterare i valori di *primo* e *secondo*.
- Comunicando alla funzione gli indirizzi di *primo* e *secondo* abbiamo dato accesso a queste variabili.
- Utilizzando i puntatori e l'operatore * la funzione è in grado di accedere alle locazioni di memoria delle variabili *primo* e *secondo* e scambiare i loro valori.
- Abbiamo visto due modi per passare le informazioni a una funzione:

  fun(x)   trasmette il valore di *x*

  fun(&x) trasmette l'indirizzo di *x*

  La prima chiamata richiede una definizione del tipo

```
void fun(int p)
{...}
```

mentre la seconda

```
void fun(int *p)
{...}
```

Il secondo tipo permette di modificare il valore della variabile passata.

- Questo funzionamento l'abbiamo già utilizzato più volte con la funzione *scanf()*, che modifica il valore della variabile in cui si vuole registrare il valore letto in input:

```
scanf("%d", &num);
```

Altro esempio

```
                        string              int

int bin_to_dec (           ▼         ,     ▲      )
```

```
    int bin_to_dec(char bin[], int maxLen, int *number)
    {
        int len = strlen(bin);

        *number = 0;
        if ((len>0) && (len <= maxLen)) {
            for (int i=0; i< len ; i++) {
                *number = *number * 2 + bin[i] - '0';
            }
            return 1;
        } else {
            return 0;
        }
    }


    // main di verifica della funzione

    int main()
    {
        char binario[] = "110011";
        int decimale;

        if (bin_to_dec(binario,MAX,&decimale)){
            printf("Conversione: %s -> %d\n",binario,decimale);
        }

        return 0;
    }
```

Call by reference in C++

Due parole sulla sintassi del C++ che permette di risolvere il problema descritto sopra in modo più semplice ed elegante.

La variabile di cui si vuole modificare il contenuto viene passata normalmente come un parametro qualsiasi, senza specificarne l'indirizzo.

```
    scambio(primo,secondo);
```

La differenza consiste nella dichiarazione dei parametri nella funzione. Per specificare che ad esser letto in entrata è l'indirizzo (che permetterà l'accesso allo spazio in memoria riservato alla variabile) e non il valore, i parametri sono dichiarati di tipo *int&* (passaggio per riferimento). La funzione *scambio()* verrebbe modificata in questo modo:

```
    void scambio(int& u, int& v)
    {
        int temp;

        temp=u;
        u=v;
        v=temp;
    }
```

Come esempio riassuntivo osserviamo e commentiamo la seguente funzione in C++, a parte il passaggio per riferimento, il resto vale anche per programmi in linguaggio C:

```
void f(int i, int* p, int& r, const int& rc)
{
    i++;        // incrementa solo la copia locale
    p++;        // incrementa la copia locale del pointer
    (*p)++;     // incrementa l'oggetto puntato
    r++;        // incrementa l'argomento passato
    rc++;       // errore: argomento considerato costante
}
```

Chiamata con vettore

Perché un array come parametro viene modificato anche all'esterno senza utilizzare l'operatore &?

```
int array[]={1,2,3};

void change(int v[])
{
    int i;

    for (i=0;i<3;i++){
        v[i]=5;
    }
}

int main()
{
    printf("Primo elemento dell'array: %d", array[0]);
    change(array);
    printf("Primo elemento dell'array: %d", array[0]);

    return 0;
}
```

Perché, come abbiamo già visto, quando un array viene passato come parametro di una funzione, corrisponde già a un indirizzo, che è anche l'indirizzo del primo elemento del vettore *(array == &array[0])*.

9.5. Puntatori e vettori

I puntatori offrono un altro modo per lavorare con i vettori:

```
int main()
{
    int a[4], *pta;

    pta = a;        // assegna l'indirizzo dell'array a al ptr
    for (int i=0; i<4; i++){
        printf("Pointer + %d: %10u\n", i, pta + i);
    }
}
```

Output:

```
Pointer + 0:  56014
Pointer + 1:  56018
Pointer + 2:  56022
Pointer + 3:  56026
```

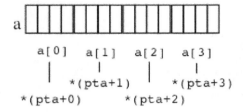

```
a+2 == &a[2]            (stesso indirizzo)
*(a+2) == a[2]          (stesso valore)
```

Ci sono due modi per esprimere la stessa cosa, ma quella con i puntatori è la più efficiente (per il compilatore).

Array come argomento

Tornando a rivedere l'array come argomento di una funzione, dobbiamo prima vedere la differenza nella sua dichiarazione.

```
int array[]={1,2,3};
```
Questa dichiarazione occupa 3 posti da 4 byte (int) in memoria.

```
void change(int v[])
{...}
```
Questa dichiarazione occupa invece il posto non di un array, ma di un pointer.

Questo perché la chiamata

```
change(array);
```

non passa l'array completo, ma solo un indirizzo, corrispondente a:

```
&array[0]
```

Ciò significa che la funzione "change" avrebbe anche potuto essere dichiarata con un puntatore:

```
void change(int *v)
{...}
```

• Quando usati come parametro di una funzione:

```
int v[] == int *v
```

• Perciò queste due operazioni si equivalgono:

```
v[i]=5
*(v+i)=5
```

Visto che *v* punta ad *array*, *v+3* punta ad *array[3]*, quindi:

```
*(v+3)==array[3]
```

Utilizzando un vettore come argomento di una funzione è come passare un puntatore.

Utilizzo di pointers per effettuare operazioni su array

Consideriamo ora una funzione semplice che utilizza un array, poi la riscriviamo utilizzando i pointers.

```
float media(int array[], int lunghezza)
{
    int somma;

    for(int i=0, somma=0; i<lunghezza; i++) {
        somma += array[i];
    }

    return (float)somma/(float)lunghezza;
}
```

Per risolverlo utilizzando i puntatori, basta utilizzare un parametro "pta" come puntatore a interi e poi rimpiazzare array[i] con *(pta+i)

```
float media(int *pta, int lunghezza)
{
    int somma;

    for(int i=0, somma=0; i<lunghezza; i++) {
        somma += *(pta+i);
    }

    return (float)somma/(float)lunghezza;
}
```

La chiamata è uguale per entrambi i casi (num è un array intero di lunghezza 5 "int num[5]"):

```
media(num,5)
```

Questo utilizzo dei puntatori può far pensare che siano la stessa cosa di un array. Ci sono invece delle differenze:

- I puntatori sono più generali, mentre gli array sono più facili da capire e utilizzare.
- Con i puntatori non è possibile dichiarare la grandezza di un array, perciò si possono utilizzare al posto di un array solo all'interno di funzioni la cui chiamata è stata fatta con un array <u>dichiarato esternamente</u>.
- Utilizzarli al posto degli array serve soprattutto per iniziare a familiarizzare con loro.

Operazioni con i puntatori

Fondamentalmente esistono 5 operazioni che si possono eseguire con i puntatori. Il prossimo programma mostra queste possibilità.

```
int main()
{
    int vettore[]={100,200,300};
    int *ptr1, *ptr2;

    ptr1=vettore;        /* assegna l'indirizzo a un ptr */
    ptr2=&vettore[2];        /* assegna l'indirizzo a un ptr */
    printf("ptr1= %u, *ptr1= %d, &ptr1= %u\n", ptr1, *ptr1, &ptr1);
    ptr1++;
    printf("ptr1= %u, *ptr1= %d, &ptr1= %u\n", ptr1, *ptr1, &ptr1);
    printf("ptr2= %u, *ptr2= %d, &ptr2= %u\n", ptr2, *ptr2, &ptr2);
    ptr2++;
    printf("ptr2= %u, *ptr2= %d, &ptr2= %u\n", ptr2, *ptr2, &ptr2);
    printf("ptr2-ptr1= %u\n", ptr2-ptr1);

    return 0;
}
```

Output:
```
ptr1= 2234, *ptr1= 100, &ptr1= 3606
ptr1= 2238, *ptr1= 200, &ptr1= 3606
ptr2= 2242, *ptr2= 300, &ptr2= 3670
ptr2= 2246, *ptr2= 1910, &ptr2= 3670
ptr2-ptr1= 2
```

Le 5 operazioni sono:

1.   Assegnamento

Da un ptr possiamo assegnare un indirizzo. Di solito lo si fa utilizzando il nome di un array, oppure &.
```
ptr1 = vettore;
ptr2 = &vettore[2];
```

2.   Deriferimento

L'operatore * ci dà il valore registrato nella variabile puntata. *ptr1 inizialmente ritorna 100.

3.   Indirizzo del ptr

Come tutte le variabili, anche il ptr ha un suo indirizzo che viene letto con &.

4.   Incremento del ptr

L'incremento lo muove al prossimo elemento dell'array, perciò ptr+1 si muove a vettore[1].

Ovviamente l'indirizzo di ptr1 stesso rimane invariato. Si può anche decrementare, però il sistema non garantisce nessun controllo.

Si possono modificare i valori delle variabili di puntatori, ma non le costanti puntatori (indirizzi).

Operazioni valide   Operazioni non valide
```
ptr1++                   vettore++
x++                      3++
ptr2=ptr1+2                          ptr2=vettore++
ptr2=vettore+1                       x=y+3++
```

5.   Differenza

Si può calcolare la differenza tra puntatori. Normalmente ha senso solo tra 2 che puntano allo stesso array, per vedere quanti elementi ci sono in mezzo.

Puntatori e array multidimensionali

Supponiamo di avere la seguente dichiarazione:

```
int matrice [4][2];
```

Siccome *matrice* è il nome di un array, allora è anche un indirizzo. Il nome di un array punta al primo elemento dell'array, che in questo caso è di nuovo un array di *int*. Così *matrice* punta su tutto l'array.
Il primo elemento di matrice è *matrice[0]*, che è un pointer a un array, il cui primo elemento è *matrice[0][0]*.

```
==> matrice == matrice[0] == &matrice[0][0]
```

Tutti rappresentano lo stesso indirizzo.

C'è però una differenza:

- *matrice[0]* è un puntatore a un *int*, perciò punta a un tipo di 4 byte.

- *matrice* è un puntatore a un array di 2 elementi, perciò punta ad un oggetto di 8 byte (aggiungendo 1 a *matrice*, ottengo un indirizzo 8 byte più grande).

```
int main()
{
    int matrice[4][2];

    printf("matrice= %u, matrice[0]= %u, &matrice[0][0]= %u\n",
            matrice, matrice[0], &matrice[0][0]);
    printf("matrice+1= %u, matrice[0]+1= %u\n",
            matrice+1, matrice[0]+1);

    return 0;
}
```

Output:

```
matrice= 3512, matrice[0]=3512, &matrice[0][0]=3512
matrice+1=3520, matrice[0]+1= 3516
```

-->   *matrice[0]+2* va oltre la lunghezza dell'array e punta al primo elemento del prossimo array (quello sotto, cioè *matrice[1][0]*).

Ogni elemento di matrice punta al primo elemento di un array:

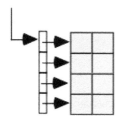

```
matrice[0]== &matrice[0][0]
matrice[1]== &matrice[1][0]
matrice[2]== &matrice[2][0]
matrice[3]== &matrice[3][0]
```

Supponiamo ora di voler dichiarare una variabile puntatore *pm* che punti ad ogni elemento di *matrice*, quindi ad ogni array di 2 elementi.
Per far questo non basta un puntatore ad un int, perché deve puntare ad un array, ci vuole perciò un puntatore ad un array di due interi:

```
int (*pm)[2]
-> ptr ad un array di 2 interi.
```

Attenzione:
La dichiarazione precedente non dev'essere confusa con questa, senza parentesi:

```
int *pm[2]
-> array di due puntatori a int, perché [] ha precedenza su *
```

Funzioni e array multidimensionali

Supponiamo di dover scrivere una funzione per modificare il contenuto di un array a due dimensioni.

Abbiamo diverse possibilità:

1. Possiamo scrivere una funzione che venga applicata ad ognuno dei sotto-array (visto che per
    un array semplice sappiamo come scriverla).

    ```c
    void raddoppia(int array[], int dim)
    {
        for(int i=0; i<dim; i++) {
            array[i] *=2;
        }
    }

    int main()
    {
        int matrice[2][4]={{2,4,5,8},{3,5,6,9}};

        for(int i=0; i<2; i++){
            raddoppia(matrice[i],4);
        }

        for(int i=0; i<2; i++){
            for(int j=0; i<4; j++){
                printf("%5d",matrice[i][j]);
            }

            printf("\n");
        }
    }

    -> 4   8  10  16
       6  10  12  18
    ```

2. Possiamo passare l'intero array considerandolo di una dimensione invece che di due.

    Nella memoria un *array[2][4]* può essere considerato come un array ad una sola dimensione
    lungo 8 int.

    Se a *raddoppia()* passiamo *matrice[0]* come argomento, significa che passiamo l'indirizzo
    dell'intero *matrice[0][0]*. Ciò vuol dire che:

    ```
    array[0]        ==> matrice[0][0]
    array[1]        ==> matrice[0][1]
    ...
    array[3]        ==> matrice[0][3]
    array[4]        ==> matrice[1][0]
    ```

    Con questo principio possiamo modificare il nostro programma principale, in modo da chiamare
    raddoppia() una volta sola per tutta la matrice:

    ```c
    void raddoppia(int array[], int dim)
    {..}    //come prima

    int main()
    {
        int matrice[2][4]={{2,4,5,8},{3,5,6,9}};

        raddoppia(matrice[0],2*4);   //unico cambiamento

        for(int i=0; i<2; i++){
            for(int j=0; i<4; j++){
                printf("%5d",matrice[i][j]);
            }

            printf("\n");
        }
    }
    ```

3. Scriviamo una funzione che modifichi esplicitamente un array bidimensionale.

    Con le due soluzioni viste prima si perdono le informazioni sulla struttura reale della matrice. In questo piccolo esempio non hanno importanza, ma possono averla in altri casi, ad esempio dove si vuole il totale di tutte le righe e di tutte le colonne in una sola funzione.

    Dobbiamo perciò dichiarare il parametro in modo che venga riconosciuto come un array a due dimensioni.

    In questo caso *matrice* è un array di 2 array di 4 interi, perciò è un puntatore a un array di 4 interi. Una variabile di questo tipo può essere dichiarata in questo modo:

    ```
    int (*ptr)[4];
    ```

    Se ptr è un parametro, allora lo si può anche dichiarare così:

    ```
    int ptr[][4];     // già visto
    ```

    Il programma viene modificato in questo modo: "raddoppia" viene riscritta e nel main viene modificata la chiamata:

    ```
    void raddoppia(int array[][4], int dim)  //oppure int (*array)[4]
    {
       for(int i=0; i<dim; i++){
          for(int j=0; j<4; j++){
             array[i][j] *=2;
          }
       }
    }

    int main()
    {
       ...
        raddoppia(matrice, 2);   //unico cambiamento
       ...

       return 0;
    }
    ```

    Questa volta passiamo come argomento *matrice*, che è un ptr al primo array, e 2, il numero di righe.

    Qui *raddoppia()* tratta array come un array di array di 4 *int*. Il numero di colonne è fisso, mentre quello delle righe è lasciato aperto. Questo vuol dire che la funzione può venir chiamata anche con matrici 10x4, 15x4,...

Attenzione:
La seguente dichiarazione non è possibile:

```
int array[][];
```

Il compilatore deve convertire le notazioni di ogni array in puntatori. Ciò vuol dire che *array[1]* diventerà *array+1*, ma per fare questo deve conoscere la grandezza degli oggetti a cui punta array. Con una dichiarazione del tipo *array[][]* non lo può sapere.
La dichiarazione:

```
int array[][4];
```

dice invece che array punta ad un array di 4 int, cioè ad un oggetto di 16 byte, perciò può sapere che array+1 significa aggiungere 16 byte.

9.6. Nuove definizioni di stringa

Ci sono vari modi per descrivere e definire una stringa all'interno di un programma.

Stringhe come costanti

```
printf("Ciao");

#define MSG "Ciao"
printf(MSG);
```

Array e inizializzazione

Quando si definisce una stringa di caratteri si deve permettere al compilatore di identificarne la lunghezza. Un modo per far questo è quello di inizializzarla con una costante:

```
char str1[]="abc def";
```

che è anche il modo più breve per scrivere:

```
char str1[]={'a','b','c',' ','d','e','f'};
```

Come per ogni array, il nome *str1* è l'indirizzo del primo elemento dell'array:

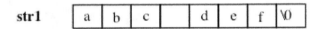

```
str1==&str1[0]
*str1=='a'
*(str1 + 1)==str1[1]=='b'
```

Con le stringhe c'è però in più la possibilità di definirsi la stringa attraverso i puntatori:

```
char *str2 = "ghi lmn";
```

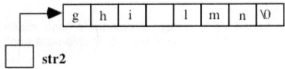

Questo è possibile solo con le stringhe, non con gli altri vettori. La lunghezza viene determinata dal carattere '\0'.

Differenza

Che differenza c'è allora tra array e ptr?

```
char *str2 = "ghi lmn";
char str3[] = "ghi lmn";
```

In entrambi i casi viene riservato in memoria uno spazio per 8 caratteri e in entrambi i casi il nome dell'array si riferisce all'indirizzo del primo elemento:

```
str2 == &str2[0]
str3 == &str3[0]
```

Però:

- str3 è una costante e come tale non può per nessun motivo venir modificata
- posso usare str3 + 1, ma non str3++
- str2, invece, è un puntatore perciò può essere modificato.

9.7. Array di stringhe

Spesso è utile utilizzare array di stringhe.

```
char *error[3] = {  "Syntax error",
                    "Semicolon expected",
                    "Stack overflow" };
```

- La variabile *error* è un array di 3 stringhe.
- Ogni stringa è a sua volta un array di caratteri, perciò abbiamo 3 pointer a degli array.
  Il primo è *error[0]* e punta alla prima stringa.

In particolare:

```
printf(error[0])     => "Syntax error"

*error[0] == 'S', *error[1] == 'S'

(la prima è la 'S' di "Syntax error" (error[0][0]), la seconda di "Semicolon
expected" (error[1][0])
```

Un altro modo per dichiarare questa struttura sarebbe quello di una matrice rettangolare:

```
char error[3][30];
```

in cui, però, la lunghezza della stringa è fissa e si occupa quindi più memoria del necessario (quando la stringa ha meno di 30 caratteri).

9.8. Puntatori a stringhe

La maggior parte degli operatori su stringhe in C utilizza i pointer:

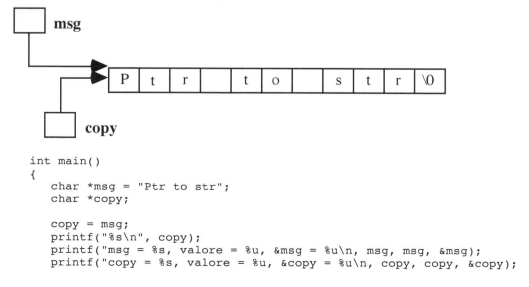

```
int main()
{
    char *msg = "Ptr to str";
    char *copy;

    copy = msg;
    printf("%s\n", copy);
    printf("msg = %s, valore = %u, &msg = %u\n", msg, msg, &msg);
    printf("copy = %s, valore = %u, &copy = %u\n", copy, copy, &copy);
```

```
        return 0;
    }
```

Output:

```
    Ptr to str
    msg  = Ptr to str, valore = 1420, &msg = 3120
    copy = Ptr to str, valore = 1420, &copy= 3216
```

Puntano allo stesso indirizzo, perciò &msg[0]==&copy[0]

-> la stringa non è mai stata copiata!

String input

Attenzione a questo caso:

```
    char *nome;
    scanf("%s", nome);
```

Questo viene accettato dal compilatore, ma, la dichiarazione di *nome* alloca solo lo spazio per un indirizzo, non per un intero array di caratteri, perciò *scanf()* occupa per il valore da inserire nell'ipotetico array puntato da *nome* lo spazio riservato ad altri elementi.

-> Questo genera errori in *run-time*.

La cosa più semplice da fare è quella di dichiarare l'array con la sua grandezza:

```
    char nome[80];
```

Gets / fgets

```
    int main()
    {
        char nome[80];

        printf("Inserire il nome: ");
        fgets(nome, 80, stdin);
        printf("Ciao %s!\n", nome);

        return 0;
    }
```

Gets / fgets può anche essere utilizzata sfruttando il suo valore di *return*:

```
    char *gets(char *s)
    {
      ...
      return s;
    }

    int main()
    {
        char nome[80];
        char *ptr;

        printf("Inserire il nome: ");
        ptr = fgets(nome, 80, stdin);
        printf("%s? Ciao %s!\n", nome, ptr);

        return 0;
    }
```

Il *return* restituisce l'indirizzo iniziale dell'array dato come parametro, oppure zero se qualcosa non ha funzionato.

Questo serve per poterlo utilizzare in un "if":

```
if (fgets(nome, 80, stdin)) {
   printf("...");
} else {
   printf("Errore");
}
```

Scanf

Gets e *fgets* leggono qualsiasi carattere fino al prossimo *\newline*, mentre *scanf* tralascia tutti i *blank* iniziali e si ferma al primo *blank* dopo la parola (in realtà è un *read-word*).

Ci sono comunque delle opzioni, già viste in precedenza, come i caratteri di fermata o la lunghezza massima della stringa da leggere (%10s).

Scanf ritorna un int (*int scanf(...)*) che corrisponde al numero di elementi letti.

```
int main()
{
    char nome1[40], nome2[9];
    int count;

    printf("Inserisci due nomi: ");
    count = scanf("%s %9s", nome1, nome2);
    printf("\nHo letto %d nomi: %s e %s\n", count, nome1, nome2);

    return 0;
}
```

Output:

```
Inserisci due nomi: Carla Lucia
Ho letto 2 nomi: Carla e Lucia
```

Se invece di Lucia avessi inserito Annachiara, l'ultima lettera sarebbe stata tralasciata.

String Output

Puts

Stampa qualsiasi stringa, poi va a capo automaticamente.

```
int main()
{
    char a[] = "Array di caratteri";
    char *p = "Puntatore";

    puts("Costante");
    puts(a);
    puts(p);
    puts(&a[3]);      -> "ay di caratteri"
    puts(p+5);    -> "tore"

    return 0;
}
```

Printf

Offre possibilità di combinazioni.

```
printf("%s\n",string) <==> puts(string)
```

9.9. Altre funzioni per stringhe

Nel capitolo sulle stringhe trattate come vettori particolari abbiamo introdotto le funzioni contenute in <string.h>. Non tutte le funzioni elencate sono state spiegate.

strchr

Prototipo (ISO):

```
char *strchr(const char *s, int c);
```

Questa funzione cerca nella stringa *s* la prima occorrenza del carattere rappresentato nell'intero *c*. Se il carattere viene trovato, viene restituito un puntatore sulla prima occorrenza nella stringa, altrimenti il valore restituito è un pointer NULL.

strrchr

Funzione simile alla precedente. Unica differenza: viene restituita l'ultima occorrenza di un carattere in una stringa (ricerca da destra).

strspn

Prototipo (ISO):

```
size_t strspn(const char *s, const char *set);
```

Questa funzione cerca nella stringa *s* la prima occorrenza di un carattere che non è incluso nell'insieme di caratteri specificato con *set*, "saltando" (spanning) tutti i caratteri che invece sono definiti nell'insieme.
Il valore restituito è la lunghezza del segmento iniziale di *s*, con caratteri di *set*. Se tutti i caratteri di *s* sono compresi in *set*, il valore restituito corrisponderà alla lunghezza della stringa *s*.
La funzione che segue determina se una stringa passata come parametro potrebbe essere accettata come identificatore in un linguaggio che riconosce solo i primi quattro caratteri dell'alfabeto, le cifre e il carattere *underscore*:

```
int is_id(const char *str)
{
    static char *id_chars = "abcdABCD0123456789_";
    return ((str != NULL) && (strspn(str,id_chars)==strlen(str)));
}
```

strcspn

Simile a sopra. Unica differenza: cerca in *s* la prima occorrenza di un carattere incluso in *set*.

strpbrk

Prototipo (ISO):

```
char *strpbrk(const char *s, const char *set);
```

Questa funzione è simile a *strcspn()*. Invece di restituire la lunghezza della stringa letta prima di trovare un carattere incluso in *set*, restituisce un puntatore alla posizione del primo carattere trovato.

strtok

Prototipo (ISO):

```
char *strtok(char *str, const char *set);
```

Questa funzione viene usata per separare la stringa *str* in *tokens* separati da caratteri dell'insieme *set*. Il risultato della funzione è un puntatore al primo token trovato, cioè al primo carattere non in *set*. Per poter distinguere il primo token la funzione modifica *str* inserendo il carattere '\0' al termine del token, cioè al posto del primo carattere in *set* che segue il token.

La funzione mantiene uno stato interno, perciò chiamate successive, passando NULL al posto di *str*, possono riferirsi alla vecchia *str*, continuando così la ricerca dei tokens.

L'esempio che segue legge linee da standatd input e utilizza *strtok()* per separare le linee in parole (sequenze di caratteri separati da spazi, fine linea, virgole, punti virgolette o punti interrogativi). Le parole vengono visualizzate in stdout:

```
#define LINE 80
#define SEP  " .,\"?"


int main()
{
    char line[LINE];
    char *word;

    do{
        printf("Prossima linea :\n");
        fgets(line, LINE, stdin);
        if (strlen(line)>0){
            printf("Parole contenute nella linea:\n");
            word = strtok(line,SEP);
            while(word){
                printf("  %s\n",word);
                word = strtok(NULL,SEP);
            }
        }
    }while(strlen(line)!=0);

    return 0;
}
```

Esecuzione del programma:

```
Prossima linea :
questa è una"prova"di,input?
Parole contenute nella linea:
  questa
  è
  una
  prova
  di
  input
```

strstr

Prototipo (ISO):

```
char *strstr(const char *src, const char *sub);
```

Questa funzione localizza la prima occorrenza della stringa *sub* nella stringa *src* e restituisce un puntatore all'inizio dell'occorrenza. Se *sub* non viene trovata in *src*, il valore di *return* è NULL.

Funzioni di conversione

In *<stdlib.h>*, oltre alle funzioni di conversione *atoi()*, *atof()* e *atol()* già viste in precedenza, esiste una serie di funzioni di conversione che eseguono la stessa operazione, ma danno maggiore controllo:

`double strtod(const char *str, char **ptr)`
`long strtol(const char *str, char **ptr, int base)`

```
unsigned long strtoul(const char *str, char **ptr, int base)
```

Se la stringa iniziale inizia con caratteri vuoti (*isspace()*), questi vengono ignorati. Il parametro *ptr* (se non è nullo) serve a puntare al primo carattere in *str* che segue la parte soggetta alla conversione. In questo modo è possibile sapere quale parte della stringa è stata accettata per essere convertita in numero.

Da notare il doppio * associato al parametro ptr, cioè puntatore a puntatore. Questo perché si intende ricevere in *ptr* il valore modificato di un puntatore ad intero.

9.10 Argomenti sulla linea di comando

Fin'ora abbiamo sempre trattato la funzione *main()* senza parametri. Se ne possono però usare due che vengono inizializzati quando il programma viene fatto partire.

Il primo è un intero chiamato per convenzione *argc*. Rappresenta il numero di elementi inseriti sulla linea di comando al momento della chiamata del programma. Il nome del programma stesso viene contato come primo elemento, quindi *argc* vale sempre almeno uno.

Il secondo argomento di *main* è un array di puntatori a caratteri chiamato *argv*. Il primo puntatore, *argv[0]*, punta al nome del programma. Gli elementi successivi dell'array, *argv[1]*,..., *argv[argc-1]* sono puntatori agli argomenti usati nella chiamata del programma.

Consideriamo l'esempio seguente (nome del programma: eco):

```
$eco buongiorno a tutti
```

Il primo elemento vale 4, mentre il secondo contiene 4 puntatori, il primo al nome del programma *eco* e gli altri ai nomi dei parametri.

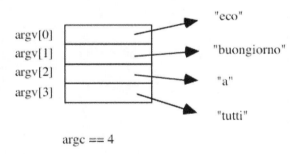

Il programma che segue prende gli argomenti di comando e li visualizza sullo schermo:

```
int main(int argc, char *argv[])
{
    for(int i=1; i<argc; i++){
        printf("%s\n", argv[i]);
    }

    return 0;
}

$a.out uno due tre 100
uno
due
tre
100
```

Gli argomenti passati al programma vengono letti come stringhe. Nell'esempio fatto, l'ultimo parametro viene letto come stringa "100". Se si vuole utilizzarlo come valore intero è perciò necessario convertirlo.

L'utilizzo dei parametri di comando è comodo per evitare di inserire comandi di input in determinati programmi.
Si può usare per poter verificare programmi con diversi valori di input.

9.11. Puntatori a funzioni

Siccome le funzioni, come le variabili, occupano uno spazio in memoria, il linguaggio C permette di avere puntatori a funzioni, cioè variabili che contengono l'indirizzo in cui è stata registrata la funzione.

Dichiarazione

Supponiamo di avere una funzione che restituisca un intero come la seguente:

```
int anno_bisestile(int anno)
{
   return (((anno%4==0) && (anno%100!=0)) || (anno%400 ==0));
}
```

È possibile ottenere l'indirizzo di questa funzione semplicemente utilizzando il nome, senza parentesi e senza parametri:

```
anno_bisestile
```

Il puntatore ottenuto con questa espressione è del tipo "puntatore a funzione che restituisce un int". Per poter prendere questo pointer e registrarlo in una variabile, la variabile dev'essere dichiarata come segue:

```
int (*fnptr)(int);
```

Questo dichiara *fnptr* (nome del puntatore) essere un pointer a una funzione che restituisce un intero.
Le parentesi attorno a *fnptr sono necessarie perché () ha precedenza sull'operatore di indirezione. Senza parentesi l'espressione conosciuta:

```
int *fnptr(int);
```

dichiara *fnptr* essere una funzione che restituisce un puntatore a un intero.

Utilizzo

Ora, con la giusta dichiarazione di *fnptr*, si può eseguire un'assegnazione del genere:

```
fnptr=anno_bisestile;
```

che registra nella variabile *fnptr* un puntatore alla *funzione anno_bisestile*.

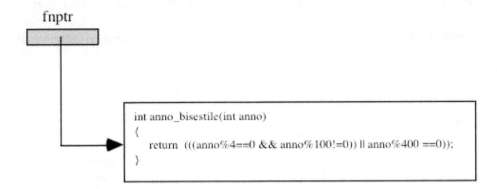

```
int anno_bisestile(int anno)
{
    return (((anno%4==0 && anno%100!=0)) || anno%400 ==0));
}
```

La tabella che segue definisce alcune dichiarazioni di una variabile *fnptr* per diversi tipi di funzione:

Dichiarazione funzione	Dichiarazione ptr
`double sqrt(float x);`	`double (*fnptr)(float);`
`void init(void);`	`void (*fnptr)(void);`
`int nextday(void);`	`int (*fnptr)(void);`
`struct listrec *search(int x);`	`struct listrec *(*fnptr)(int);`
`void set search(int a, int b);`	`void (*fnptr)(int,int);`

Una volta registrato in una variabile il puntatore a una funzione, il prossimo passaggio consiste nel chiamare questa funzione attraverso l'accesso alla variabile.
Siccome *anno_bisestile* vuole un solo argomento, si dovrà scrivere:

```
result=fnptr(2030)
```

per chiamare la funzione e provare se l'anno 2030 sarà un anno bisestile.

Utilità

I puntatori a funzione sono utili essenzialmente per due ragioni:

- Non è possibile passare una funzione come argomento di un'altra funzione, ma è possibile passare un pointer.
- Non è possibile registrare una funzione in un array o in una struttura, ma è possibile registrare un pointer.

La possibilità, attraverso il puntatore a funzione, di passare una funzione come parametro di un'altra funzione è fondamentale per permettere l'implementazione di algoritmi generici, cioè algoritmi parametrizzabili, anche a livello di funzione.
Sistemi simili vengono anche chiamati meccanismi di *callback*.

Esempio: tabella di funzioni

L'esempio sotto mostra la funzione *show()* che si occupa di visualizzare i valori x e f(x) di una funzione passata come argomento.
Senza la possibilità di passare le singole funzioni come argomento (cube() e sin() nel caso specifico), sarebbe necessario sviluppare una *show()* per ogni diversa funzione di cui si intende visualizzare i valori.

```
double cube(double y)
{
    return y*y*y;
```

```
   }

   void show(double (*pf)(double), double start, double end, double dx)
   {
       for(double x=start; x<=end; x+=dx) {
           printf("\t%6.2f\t%6.4f\n", x, pf(x));
       }
   }

   int main()
   {
     printf("\n\tCube:\n\n");
     show(cube,1.0,2.0,0.1);

     printf("\n\tSin:\n\n");
     show(sin,1.0,1.5,0.05);

     return 0;
   }
```

Esempio: qsort

Un altro esempio è dato dalla funzione di libreria *qsort()*, capace di ordinare gli elementi di un array.

La funzione *qsort()* (presa dalla libreria standard stdlib.h), accetta come uno dei suoi argomenti un puntatore a funzione. In questo modo viene passata a *qsort()* la funzione responsabile del confronto tra due elementi dell'array, permettendo a *qsort()* stessa di essere una funzione generica e indipendente dai tipi di dati contenuti nell'array da ordinare.

```
   int compare(const void *a, const void *b)
   {
       return *(int *)a - *(int *)b;
   }

   int main ()
   {
     int values[] = { 40, 10, 100, 90, 20, 25 };

     qsort (values, 6, sizeof(int), compare);
     for (int i = 0; i < 6; i++) {
        printf ("%d ", values[i]);
     }

     return 0;
   }
```

La funzione è in grado di ordinare un array di qualsiasi tipo. Nell'esempio sopra la funzione ordina un array di interi, e per questo motivo è indispensabile che la funzione di confronto passata come argomento di *qsort* preveda di confrontare due interi.

L'istruzione

```
   (int *)a
```

esegue un casting sul parametro passato, interpretandolo come puntatore a intero. Lo può fare perché la funzione *compare()* viene utilizzata con *values*, cioè con un array di interi e perciò sappiamo che i valori che arriveranno a *compare()* saranno puntatori a interi.

L'ulteriore asterisco è l'operatore di deriferimento, che permette di accedere al valore vero e proprio, necessario per il confronto.

Possiamo tentare un caso più complesso. Il caso in cui abbiamo un array di caratteri che non vogliamo modificare. Intendiamo però ugualmente utilizzarne il contenuto e ordinarne i valori, senza modificare l'ordine degli elementi nell'array stesso.

Per questo utilizziamo i singoli caratteri attraverso un array di puntatori. In questo modo potremo spostare i puntatori, ma non i singoli elementi dell'array di caratteri.

```c
void initPtrs(char *ptrs[], char values[], int dim)
{
    for (int i = 0; i < dim; i++) {
        ptrs[i] = &values[i];
    }
}

void print(char *ptrs[], char values[], int dim) {
    printf("Original values:         ");
    for (int i = 0; i < dim; i++) {
        printf("%c ", values[i]);
    }

    printf("\nValues through pointers: ");
    for (int i = 0; i < dim; i++) {
        printf("%c ", *ptrs[i]);
    }
    printf("\n");
}

int compare (const void *a, const void *b)
{
    return  **(char **)a - **(char **)b ;
}

int main ()
{
    char values[] = "ecdabf";
    char *ptrs[6];

    initPtrs(ptrs, values, 6);
    print(ptrs, values, 6);
    qsort (ptrs, 6, sizeof(char *), compare);
    print(ptrs, values, 6);

    return 0;
}
```

L'array di puntatori viene dapprima inizializzato in modo che ogni elemento punti al corrispondente elemento dell'array originale.

Alla funzione qsort() verrà perciò passato l'array di puntatori, non l'array originale di caratteri. In questo modo verranno spostati gli elementi all'interno dell'array di puntatori, ma non gli elementi dell'array originale, come mostrato nell'output del programma:

```
Original values:         e c d a b f
Values through pointers: e c d a b f
Original values:         e c d a b f
Values through pointers: a b c d e f
```

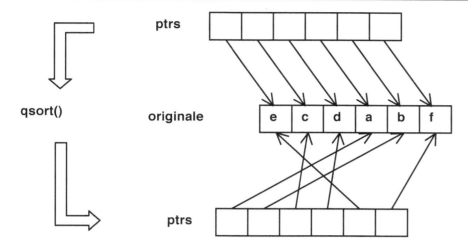

Il casting (char **) nella funzione *compare()* serve a specificare che l'indirizzo che arriva alla funzione (parametri *a* e *b*) non è l'indirizzo di un elemento carattere, bensì l'indirizzo di un puntatore a carattere.

Per ottenere il reale valore da confrontare diventa perciò necessario un doppio deriferimento, uno per ottenere l'elemento dell'array di puntatori da ordinare (perché è questo che si intende ordinare), un secondo per accedere al valore carattere che ci serve per decidere l'ordinamento.

9.12. Problemi con i puntatori

I puntatori sono comodi ma pericolosi. Forniscono grandi potenzialità e sono necessari per molti programmi. Allo stesso tempo, quando un puntatore contiene un valore errato, può dare origine a *bug* difficili da scovare.

Le cause di un *bug* sono difficili da scovare perché in realtà il problema non risiede nel puntatore. Ogni volta che si esegue un'operazione utilizzando un puntatore, si legge o si scrive su una locazione di memoria. Quando l'indirizzo è sbagliato, le conseguenze sono nell'utilizzo che si fa di questa locazione di memoria. Se l'operazione è di lettura, il peggio che può capitare è di leggere elementi senza senso. Se invece l'operazione è di scrittura, si scrivono dati al posto sbagliato. Questo genere di problema potrebbe quindi palesarsi molto più avanti nell'esecuzione del programma, confondendo chi deve cercare la causa del problema. Potrebbe anche non esserci nessun indizio a suggerire che un determinato puntatore sia effettivamente la causa originale del problema.

Vediamo in questo capitolo alcuni esempi di problemi da evitare.

Inizializzazione

L'esempio classico di errore è quello dovuto alla mancata inizializzazione del puntatore.

```
int main()
{
    int val, *ptr;

    val = 10;
    *ptr = val;

    return 0;
}
```

Il puntatore *ptr* non riceve nessun valore, quindi punta ad una locazione sconosciuta. Al momento in cui viene eseguito l'assegnamento

```
*ptr = val;
```

il valore di *val* verrà assegnato ad una locazione di memoria sconosciuta. Questo tipo di problema passa spesso inosservato quando il programma è piccolo, perché la probabilità che *ptr* contenga un indirizzo "non sicuro" (indirizzo in cui si trova il programma, dati o sistema operativo), sono minori. Quando però il programma diventa lungo aumentano le probabilità. Nel caso peggiore il programma si bloccherà.

Da notare che un errore del genere può avere effetti diversi a seconda del sistema su cui si sta lavorando.

È quindi necessario assicurarsi che un puntatore punti ad un indirizzo valido prima di utilizzarlo.

Confusione tra indirizzo e valore

Anche questo è un errore abbastanza comune, soprattutto per chi ha appena iniziato a usare i puntatori.

```
int main()
{
    int val, *ptr;

    val = 10;
    ptr = val;
    printf("%d",*ptr);

    return 0;
}
```

La chiamata a *printf()* non visualizza il valore di *val*, come invece si vorrebbe, ma un valore sconosciuto. Questo perché l'assegnazione

```
ptr = val;
```

è sbagliata. Viene infatti assegnato il valore 10, contenuto in *val*, alla variabile *ptr*. Siccome però questa lo interpreta come indirizzo, quando viene usato l'operatore di indirezione (*ptr*) viene letto il valore contenuto all'indirizzo 10.

La correzione consiste semplicemente nel sostituire l'assegnazione errata con la seguente linea di codice:

```
ptr = &val;
```

Confronti inconsistenti

Non è possibile prevedere come verranno posizionate le variabili in memoria. In particolare non si può mai sapere dove i dati si troveranno o se verranno nuovamente posizionati allo stesso luogo e se ogni compilatore li tratterà allo stesso modo.

Per questo motivo un confronto tra puntatori che non puntino ad un elemento comune non ha senso e può portare a risultati imprevedibili.

```
int main()
{
    char str1[20], str2[20];
    char *ptr1, *ptr2;

    ptr1 = str1;
    ptr2 = str2;
    if (ptr1 < ptr2){
        ...
    }

    return 0;
}
```

Il confronto tra i valori contenuti in ptr1 e ptr2 non ha senso, perché possono essere diversi con diversi sistemi e compilatori.

Array adiacenti

Un caso simile è quello di considerare due array dichiarati uno dopo l'altro come adiacenti in memoria, indicizzandoli come se formassero un solo array.

```
int main()
{
    int primo[10], secondo[10];
    char *ptr, i;

    ptr = primo;
    for(i = 0; i < 20; i++)
        *ptr = i;
        ptr++;
    }
    ...

    return 0;
}
```

Quello visto non è certo un buon modo per inizializzare gli array *primo* e *secondo* con valori da 0 a 19, perché nessuno può garantire che l'array *secondo* occupi la memoria adiacente all'array *primo*.

Mancato aggiornamento

Il programma che segue utilizza un puntatore *ptr* per stampare i valori ASCII associati ai caratteri contenuti in una stringa *str* letta continuamente da standard input.

```
int main()
{
    char str[80], *ptr;

    ptr = str;
    do{
        fgets(str, 80, stdin);
        while(*ptr){
            printf("%d",*ptr);
            ptr++;
        }
    }while(strcmp(str,"fine");

    return 0;
}
```

Il problema qui consiste nel fatto che che *ptr* punta solo inizialmente al primo elemento dell'array, poi va sempre solo in avanti, ignorando i successivi aggiornamenti di *str*.

La modifica è molto semplice, ma fondamentale: spostare l'inizializzazione di *ptr* all'interno del ciclo *dowhile*, in modo che il puntatore venga reinizializzato ad ogni passaggio.

```
int main()
{
    char str[80], *ptr;

    do{
        ptr = str;
        fgets(str, 80, stdin);
        while(*ptr){
            printf("%d",*ptr);
            ptr++;
        }
    }while(strcmp(str,"fine"));

    return 0;
}
```

Riferimento a variabili locali

Un altro errore frequente è quello di restituire come risultato di una funzione l'indirizzo di una variabile locale, che sparisce quindi al termine dell'esecuzione della funzione.

```c
char *copia(char *str)
{
   char str2[20];

   int i, len = strlen(str);
   for(i = 0; i< 20 && i<len; i++) {
       str2[i]=str[i];
   }

   return str2;
}
```

Un puntatore a cui venisse assegnato l'indirizzo restituito dalla funzione *copia()*, lavorerebbe con celle di memoria che potrebbero essere occupate in ogni momento.

10. Strutture

Consideriamo il problema di dover gestire un inventario dei libri di una biblioteca. Ogni libro ha un titolo, un autore, una casa editrice, l'anno di stampa, il numero di pagine, il numero ISBN, ecc.

Come si può vedere i dati possono essere di vari tipi: interi, stringhe, ecc.

Come posso fare per poter raggruppare tutti questi dati in un solo elemento, in modo da avere un unico elemento "libro" composto da diversi elementi?

Il linguaggio C mette a disposizione un tipo personalizzato chiamato struttura. La struttura è il raggruppamento di più variabili di diverso tipo sotto un unico nome.

```c
#define MAXTIT 40
#define MAXAUT 30


struct libro{
    char titolo[MAXTIT];
    char autore[MAXAUT];
    float prezzo;
};


int main()
{
    struct libro lib;

    printf("Inserire il titolo del libro:\n");
    fgets(lib.titolo, MAXTIT, stdin);
    printf("Inserire l'autore:\n");
    fgets(lib.autore, MAXAUT, stdin);
    printf("Inserire il prezzo:\n");
    scanf("%f",&lib.prezzo);
    printf("%s:\"%s\"\tPrezzo %.2f Fr.\n",
            lib.autore,lib.titolo,lib.prezzo);

    return 0;
}
```

10.1. Definizione della struttura

Prima definisco la struttura con tutte le sue componenti.

```c
struct libro{
    char titolo[MAXTIT];
    char autore[MAXAUT];
    float prezzo;
};
```

È solo dopo aver dichiarato il nuovo tipo di dati (terminato con un punto e virgola) che posso dichiarare variabili di quel tipo.

10.2. Definizione di una variabile

La vera definizione delle variabili, quindi l'occupazione vera e propria della memoria si ha con la linea:

```
struct libro lib1, lib2, lib3;
```

Quella sopra era invece solo la definizione del tipo, senza allocazione di memoria.

lib1

MAXTIT = 40	MAXAUT = 30	4

Qui l'identificatore "struct libro" gioca lo stesso ruolo di in identificatore di tipo come "int", "float", "char", ecc.

```
struct libro lib1, lib2, *p_to_lib;
```

Se utilizzo una sola dichiarazione di variabili, posso anche eseguire quanto segue, tralasciando "libro":

```
struct {
    char titolo[MAXTIT];
    char autore[MAXAUT];
    float prezzo;
}lib1, lib2, lib3;
```

Inizializzazione
Una struttura può essere inizializzata come un qualsiasi altro elemento:

```
struct libro lib = {"La donna nel lago","Raymond Chandler", 18.50};
```

Ovviamente è anche possibile assegnare un valore elemento per elemento.

Accesso ai membri
Si accede alle singole componenti di una struttura con:

```
nome-variabile.nome-membro
```

- "lib" è una struttura.
- "lib.prezzo" è un float e si comporta come tale.
- &lib.prezz == &(lib.prezzo), perché il punto ha precedenza maggiore.

10.3. Ridefinizione

Abbiamo già visto che un nuovo tipo può essere semplicemente definito uguale a un tipo già esistente con l'utilizzo della parola chiave *typedef*, come segue:

```
typedef tipo_esistente nuovo_tipo;
```

L'elemento *tipo_esistente* può essere sia un tipo *built-in* (cioè predefinito nel linguaggio C, come ad esempio *int*), oppure un tipo definito in precedenza dall'utente.

```
typedef int Tipo1;
```

```
typedef   char   Tipo2;
typedef   tipo1  Tipo3;
```

Questa possibilità diventa utile quando si lavora con le strutture, perché permette di ridefinire un nuovo nome da associare ad un certo tipo di struttura. Con questo nuovo nome non si deve più usare la parola chiave *struct* quando si dichiarano variabili o argomenti di quel tipo.

Riprendendo l'esempio del libro, se dichiariamo la struttura in questo modo:

```
struct libro{
  char titolo[MAXTIT];
  char autore[MAXAUT];
  float prezzo;
};
```

Possiamo in seguito ridefinire il nome della struttura con il comando typedef:

```
typedef struct libro Libro;
```

Da adesso via l'identificatore *libro* sostituisce *struct lib*. Questo significa che variabili per questa struttura possono ora essere definite in questo modo:

```
Libro lib1, lib2, lib3;
```

10.4. Array di strutture

Come si è visto anche nell'esempio della gestione dei libri, le strutture compaiono molto spesso a gruppi.

```
#include <stdio.h>

#define MAXTIT 40
#define MAXAUT 40
#define MAXLIB 100
#define STOP "q"

typedef struct libro {
    char titolo[MAXTIT];
    char autore[MAXAUT];
    float prezzo;
} Libro;

int main()
{
    Libro lib[MAXLIB];
    int count=0;

    printf("Titolo del libro:\n");
    scanf(" %s",lib[count].titolo);

    while(count<MAXLIB && strcmp(lib[count].titolo,STOP)!=0){
        printf("Autore:\n");
        scanf(" %s",lib[count].autore);
        printf("Prezzo del libro:\n");
        scanf("%f",&lib[count++].prezzo);
        if (count<MAXLIB){
            printf("Prossimo titolo:\n");
            scanf(" %s",lib[count].titolo);
        }
    }
    printf("\nLista dei tuoi libri:\n");
    for(int index=0; index<count; index++) {
        printf("%s di %s: Fr. %.2f\n",lib[index].titolo,
```

```
                  lib[index].autore,lib[index].prezzo);
          }

      return 0;
  }
```

Membri di una struttura di un array

Per identificare il membro di una struttura utilizziamo lo stesso metodo visto in precedenza. Prima, però, dobbiamo identificare la struttura:

```
    lib[0].titolo
    lib[2].prezzo
```

Cosa significa `lib[0].titolo[4]` ?

10.5. Strutture nidificate

Una struttura può contenere un'altra struttura come membro. Si parla allora di strutture nidificate.

```
    struct nome_e_cognome {
      char nome[10];
      char cognome[15];
    };

    struct persona {
      struct nome_e_cognome nomi;
      char lavoro[15];
      int classe_stipendio;
    };
```

Inizializzazione

```
    struct persona dipendente = {{"Franco","Rossi"},"bibliotecario",25};

    dipendente.nomi.cognome  ==>> "Rossi"
```

C11 e strutture nidificate

A partire dallo standard C11 esiste la possibilità di specificare strutture anonime. Questo è utile proprio nei casi di strutture nidificate, perché evita di dover dichiarare una struttura separata, quando già si sa che non verrà mai utilizzata al di fuori di quella che la contiene.

Nel caso precedente, non sarebbe più necessario specificare separatamente la struttura *nome_e_cognome*, perché questa verrebbe inserita direttamente in *persona*.

```
    struct persona {
      struct {
        char nome[10];
        char cognome[15];
      };
      char lavoro[15];
      int classe_stipendio;
    };
```

In questo caso, l'accesso ai campi della struttura nidificata risulta semplificato:

```
struct persona dipendente = {{"Franco","Rossi"},"bibliotecario",25};

dipendente.cognome  ==>> "Rossi"
```

La vera utilità la si vede però con la combinazione tra strutture e union, che vedremo più avanti.

10.6. Puntatori a strutture

Come ci sono puntatori a tipi predefiniti, si possono anche avere puntatori a strutture. Sono soprattutto utili per creare liste concatenate (come vedremo in dettaglio più avanti, in un capitolo specifico), o per passare l'indirizzo di una struttura come parametro di una funzione. Infatti le strutture vengono passate per valore alle funzioni. Questo, per strutture complesse, comporta però un sovraccarico per inserire la struttura nello stack durante la chiamata di funzione. Per questo si può decidere di passare unicamente l'indirizzo della struttura, cioè il suo puntatore.

Definiamo ad esempio una struttura *punto* che rappresenti un punto del piano con le coordinate *x* e *y*:

```
struct punto {
  int x, y;
};

typedef struct punto Punto;

Punto segmento[2] = {{2,5},{4,7}};
Punto *ptr;

ptr = &segmento[0]   --> {2,5}

ptr++                --> {4,7}

(*ptr).x             --> 4

(*ptr).y             --> 7

(*ptr).x == ptr->x
    (visto che si usano spesso è stata introdotta questa notazione)
```


Accesso ai membri

Come abbiamo visto, si accede alle singole componenti di un puntatore a struttura con:

```
nome-variabile->nome-membro
```

- *ptr* è un puntatore a punto.
- **ptr* rappresenta la struttura puntata

- *(*ptr).x* rappresenta un membro di punto
- *ptr->x* rappresenta un membro di punto in notazione più semplice

Attenzione:
*ptr.x significa *(ptr.x), cioè puntatore alla variabile intera x.

10.7. Strutture e funzioni

Una struttura può essere:

- copiata
- assegnata come unico oggetto (assegnazione semplice, senza dover assegnare ad uno ad uno tutti gli elementi)
- indirizzata (&)
- manipolata tramite l'accesso ai suoi membri.

Copia e assegnamento comprendono anche il passaggio come parametro di funzioni e la loro restituzione (return) come risultato di una funzione. Questo significa che una struttura viene passata per valore, non per indirizzo, di conseguenza anche tutti i suoi membri (compresi gli array!) vengono passati per valore.

Le strutture NON possono essere confrontate direttamente, ma solo tramite il confronto dei loro membri.

Assegnamento

```
Punto p1, p2;

...
p1.x = 10;
p1.y = 20;

p2 = p1;
```

Struttura di *return*

```
Punto creapunto(int x, int y)
{
   Punto temp;

   temp.x = x;
   temp.y = y;

   return temp;
}

Punto origine = creapunto(0,0);
```

- Serve ad inizializzare una variabile di tipo punto
- Non c'è conflitto tra *x* e *temp.x*
- Ci sono due valori interi in input e una struttura di tipo *punto* in output

Parametri per valore

```
Punto sommapunti (Punto p1, Punto p2)
{
   Punto risultato;
   risultato.x = p1.x + p2.x;
   risultato.y = p1.y + p2.y;

   return risultato;
}
```

• Potrei anche usare p1 come terza variabile, perché è stata passata per valore, quindi non modifica la variabile all'esterno.

```
Punto sommapunti (Punto p1, Punto p2)
{
   p1.x = p1.x + p2.x;
   p1.y = p1.y + p2.y;

   return p1;
}
```

Parametri per indirizzo

Se ad una funzione dev'essere passata una grossa struttura o se questa dev'essere modificata anche all'esterno della funzione, è meglio passare solamente l'indirizzo.

Abbiamo già visto che un pointer si dichiara:

```
Punto *ptr;

Punto origine = creapunto(2,5);
ptr = &origine;
printf("L'origine è (%d, %d)\n", ptr->x, ptr->y);
```

10.8. Esempio

L'esempio che segue implementa un semplice timer. Da notare che gli elementi del timer sono rappresentati in ore, minuti e secondi. Per assicurare la sincronizzazione bisognerebbe introdurre una pausa di un secondo esatto ad ogni chiamata di *update()*.
La struttura viene passata ogni volta per indirizzo a *update()*

```
#include <stdio.h>

struct tempo{
   int ore, minuti, secondi;
};

typedef struct tempo Tempo;

void update(Tempo *t)
{
  t->secondi++;
  if (t->secondi == 60){
    t->secondi = 0;
    t->minuti++;
  }
  if (t->minuti == 60){
    t->minuti = 0;
    t->ore++;
```

```
        }
        if (t->ore == 24)
          t->ore = 0;
        pausa();
    }

    void display(Tempo *t)
    {
        printf("\r%02d:%02d:%02d",t->ore,t->minuti,t->secondi);
    }


    int main()
    {
      Tempo systime;

      systime.ore = 0;
      systime.minuti = 0;
      systime.secondi = 0;

      for(;;){
        update(&systime);
        display(&systime);
      }

      return 0;
    }
```

10.9. Utilizzo di union

Una *union* permette la combinazione di diversi tipi di dati in un unico blocco di memoria. A differenza delle strutture, una union utilizza un unico elemento di quelli dichiarati, allocando lo spazio sufficiente per contenere l'elemento più grande della union.

È comunque responsabilità del programmatore tener traccia di quale elemento è stato effettivamente registrato nella union.

La sintassi è anche simile alle strutture.

```
        #define PI 3.14159265
        #define CIRCLE 1
        #define RECTANGLE 2


        struct point{
            float x,y;
        };

        struct circle{
            float raggio;
            struct point origine;
        };

        struct rectangle{
            struct point topright;
            struct point bottomleft;
        };

        union shape{
            struct circle circ;
            struct rectangle rect;
        };

        float area(union shape s, int which_shape)
        {
```

```
        switch (which_shape) {
            case CIRCLE:
                return PI * s.circ.raggio * s. circ.raggio;
            case RECTANGLE:
                return (s.rect.topright.x - s.rect.bottomleft.x) *
                        (s.rect.topright.y - s.rect.bottomleft.y);
        }
        return 0;
    }

int main(void)
{
    union shape myshape;

    myshape.circ.raggio = 2;
    myshape.circ.origine.x = 1;
    myshape.circ.origine.y = 1;
    printf("Area del cerchio: %f\n", area(myshape, CIRCLE));
    myshape.rect.topright.x = 1;
    myshape.rect.topright.y = 1;
    myshape.rect.bottomleft.x = -1;
    myshape.rect.bottomleft.y = -1;
    printf("Area del rettangolo: %f\n", area(myshape, RECTANGLE));

    return 0;
}
```

Utilizzo della memoria

Abbiamo visto che con le strutture, la memoria allocata corrisponde alla somma della memoria occupata da ogni singolo campo della struttura.

Una variabile formata da una struttura di questo tipo.

```
struct rectangle{
    short with;
    long height;
};
```

Occuperà la memoria necessaria ai due campi, cioè 6 byte, 2 per la larghezza e 4 per l'altezza.
Una union utilizza i campi in modo esclusivo, quindi occuperà la memoria necessaria per l'elemento più grande contenuto. In una union un solo campo alla volta può essere attivo.
Se il rettangolo precedente fosse dichiarato come union, occuperebbe unicamente 4 byte:

```
union rectangle{
    short with;
    long height;
};
```

Gestione interna del flag

In realtà, come abbiamo visto nell'esempio, è parecchio scomodo dover gestire esternamente, attraverso un flag, l'informazione su quale utilizzo viene fatto di una certa union.
Nel nostro esempio, meglio sarebbe poter delegare la gestione dell'informazione "which shape" all'interno della stessa union. Questo non è possibile, perché un solo elemento della union può essere usato, però si può ottenere un meccanismo simile combinando le potenzialità di union e strutture, con le strutture nidificate presenti a partire da C11.
Questa modalità è simile ai variant record in Pascal e Modula-2 e si avvicina maggiormente a una gestione "a oggetti" dell'informazione.

...

```
struct shape {
    int type;
    union {
        struct circle circ;
        struct rectangle rect;
    };
};

float area(struct shape s)
{
    switch (s.type) {
        case CIRCLE:
            return PI * s.circ.raggio * s. circ.raggio;
        case RECTANGLE:
            return (s.rect.topright.x - s.rect.bottomleft.x) *
                   (s.rect.topright.y - s.rect.bottomleft.y);
    }
    return 0;
}

int main()
{
    struct shape myshape;

    myshape.type = CIRCLE;
    myshape.circ.raggio = 2;
    myshape.circ.origine.x = 1;
    myshape.circ.origine.y = 1;
    printf("Area del cerchio: %f\n", area(myshape));

    myshape.type = RECTANGLE;
    myshape.rect.topright.x = 1;
    myshape.rect.topright.y = 1;
    myshape.rect.bottomleft.x = -1;
    myshape.rect.bottomleft.y = -1;
    printf("Area del rettangolo: %f\n", area(myshape));

    return 0;
}
```

10.10. Campi di bit

Le strutture cosiddette "packed" ci permettono di dichiarare strutture in modo tale da riuscire a utilizzare il minimo di memoria. In effetti il C consente di specificare in quanti bit dovrà essere immagazzinato un membro *unsigned* o *int* di una struttura o di una *union*.

I campi di bit consentono un migliore utilizzo della memoria, immagazzinando i dati nel minor numero di bit necessario. I campi di bit devono essere dichiarati *unsigned* o *int*.

Supponiamo di avere la seguente struttura:

```
struct item{
    unsigned int is_a_list;    //vero, se item si trova in una lista
    unsigned int is_seen;      //vero, se questo elemento è stato visto
    unsigned int number;
};
```

Il suo fabbisogno di memoria ammonta a 12 byte (considerando 4 byte per ogni intero).

Gli elementi "is_a_list" e "is_seen" vengono però usati in forma di flag, con valori 0 e 1, quindi un unico bit basterebbe per coprire la loro necessità.

Possiamo allora ridefinire la struttura, in modo che sia in grado di utilizzare il minimo indispensabile, specificando per ogni campo, quanti bit intende utilizzare.

```
struct item {
    unsigned is_a_list:1;    //vero, se item si trova in una lista
    unsigned is_seen:1;      //vero, se questo elemento è stato visto
    unsigned number:30;
};
```

Sapendo che l'elemento "number" non avrà bisogno in ogni caso del suo range completo, possiamo ridefinire la sua dimensione a 30 bit e arrotondare il tutto a 4 byte.

È possibile specificare un campo di bit senza nome da usare come riempitivo.

```
struct example {
    unsigned first :20;
    unsigned       :12;
    unsigned second:4;
};
```

Nell'esempio sopra, viene usato come riempitivo un campo senza nome di 12 bit (che non può essere utilizzato dall'applicazione). Il campo "second", su un computer con una unità di memoria (word) di 4 byte, verrebbe immagazzinato nell'unità di memoria successiva.

Per questioni di portabilità, per evitare di dover specificare campi di bit in funzione delle dimensioni di unità di memoria, è anche possibile specificare un campo senza nome, di dimensione zero. Lo scopo è quello di riempire l'unità corrente e forzare lo spostamento del campo di bit successivo all'unità di memoria successiva.

```
struct example {
    unsigned first :20;
    unsigned       :0;
    unsigned second:4;
};
```

La definizione di struttura sopra, usa un campo senza nome di 0 bit, per saltare i bit rimanenti dell'unità di memoria in cui è stato immagazzinato il campo "first", allineando "second" con il confine successivo dell'unità di memoria.

La capacità di minimizzare i bit utilizzati dipende dalla piattaforma e dal relativo compilatore.

Le strutture con campi di bit vanno usate con attenzione. Per quanto consentano di risparmiare dello spazio, i campi specificati in questo modo potrebbero costringere il compilatore a generare un codice in linguaggio macchina più lento. Ciò accade perché, per accedere alle porzioni di unità di memoria indirizzabile, sono necessarie operazioni aggiuntive in linguaggio macchina.

Da usare quindi solo quando l'occupazione della memoria è determinante.

10.11. Utilizzo in biblioteche: *<time.h>*

Lo standard ANSI definisce numerose funzioni che gestiscono la data e l'ora del sistema. Queste funzioni richiedono l'uso del file di intestazione *<time.h>*.

In questo file sono definiti quattro tipi: *size_t, clock_t, time_t* e *tm*.

I primi tre sono in genere interi long senza segno. Il tipo *tm* è invece una struttura che contiene la data e l'ora suddivise nei rispettivi elementi. Quella che segue è la definizione della struttura *tm*:

```
struct tm{
```

```
            int tm_sec;    // secondi  [0..59]
            int tm_min;    // minuti   [0..59]
            int tm_hour;   // ore      [0..23]
            int tm_mday;   // giorno del mese [1..31]
            int tm_mon;    // mesi a partire da gennaio [0..11]
            int tm_year;   // anni a partire dal 1900
            int tm_wday;   // giorni a partire da domenica [0..6]
            int tm_yday;   // giorni a partire dal 1. gennaio [0..365]
            int tm_isdst;  // indicatore di ora legale
      };
```

Il valore di tm_isdst è positivo quando è in vigore l'ora legale, 0 quando non è in vigore e negativo quando questa informazione non è disponibile al sistema.

Inoltre <time.h> definisce la macro *CLOCKS_PER_SEC* che corrisponde al numero di impulsi di sistema al secondo.

Le funzioni di localizzazione richiedono l'utilizzo del file di intestazione *<locale.h>*.

Vediamo ora in sequenza alcune funzioni definite in <time.h>

time

Prototipo:

```
      time_t time(time_t *ora);
```

La funzione *time()* restituisce l'ora di calendario del sistema. Se il sistema non conserva l'ora, *time()* restituisce -1.

La funzione può essere richiamata con un puntatore nullo o con un puntatore ad una variabile di tipo *time_t*. Se viene usata quest'ultima forma, alla variabile puntata da *ora* viene assegnata l'ora di calendario.

<u>Esempio</u>

```
      int main()
      {
         struct tm *ptr;
         time_t tempo = time(NULL);

         printf("%u\n",tempo);
         ptr = localtime(&tempo);
         printf(asctime(ptr));

         return 0;
      }
```

asctime

Prototipo:

```
      char *asctime(const struct tm  *ptr);
```

La funzione asctime() converte le informazioni memorizzate nella struttura puntata da ptr in una stringa con il seguente formato:

```
      giorno mese data ora:minuti:secondi anno\n\0
```

Ecco un esempio di risultato:

```
      Wed Jun 23 14:23:12 2015
```

La funzione restituisce un puntatore alla stringa convertita. Il puntatore a struttura passato a *asctime()* viene generalmente ottenuto tramite *localtime()* o *gmtime()*.

Il buffer utilizzato per contenere la stringa è un array di caratteri allocato in modo statico e viene sovrascritto ogni volta che viene richiamata la funzione. Per salvare il contenuto della stringa si deve effettuare una copia su un'altra variabile.

Esempio

```
int main()
{
    struct tm *ptr;
    time_t lTime = time(NULL);
    ptr = localtime(&lTime);
    printf(asctime(ptr));

    return 0;
}
```

ctime

Prototipo:

```
char *ctime(const time_t *ora);
```

La funzione è simile a quella sopra, con lo stesso output, ma il parametro di input non corrisponde alla struttura completa *tm*, bensì a un puntatore all'ora, solitamente letta con *time()*.

Esempio

```
int main()
{
    time_t lTime = time(NULL);
    printf(ctime(&lTime));

    return 0;
}
```

clock

Prototipo:

```
clock_t clock(void);
```

La funzione clock() restituisce un valore che è un'approssimazione del tempo in cui il programma chiamante è rimasto in esecuzione. Per trasformare questo valore in secondi, lo si deve dividere per CLOCKS_PER_SEC. Il valore -1 significa che l'ora non è disponibile.

Esempio

La funzione che segue serve a visualizzare il tempo di esecuzione corrente, in secondi, del programma che l'ha richiamata:

```
void trascorso()
{
    printf("Tempo trascorso: %u secondi\n",clock()/CLOCKS_PER_SEC);
}
```

difftime

Prototipo:

```
double difftime(time_t ora2, time_t ora1);
```

Restituisce la differenza in secondi tra *ora1* e *ora2*, cioè *ora2 - ora1*.

Esempio

Programma che determina il numero di secondi impiegati da un ciclo for vuoto per scandire i numeri da 0 a 10 milioni:

```
int main()
{
    time_t inizio, fine;

    inizio = time(NULL);
    for (unsigned long i = 0; i<10000000; i++)
        ;
    fine = time(NULL);
    printf("Secondi impiegati: %lf\n", difftime(fine,inizio));

    return 0;
}
```


gmtime e localtime

Prototipi:

```
struct tm *gmtime(const time_t *ora);

struct tm *localtime(const time_t *ora);
```

La funzione *gmtime()* restituisce un puntatore a una struttura *tm* che contiene una forma suddivisa di ora e data. L'ora rappresentata è l'ora universale (UTC). Il valore *tempo* viene solitamente ottenuto attraverso una chiamata a *time()*. Se l'ora UTC non è supportata dal sistema, viene restituito un puntatore nullo.

La funzione localtime() restituisce invece un puntatore a una struttura con rappresentata l'ora locale.

La struttura utilizzata da *gmtime()* e *localtime()* per conservare l'ora viene allocata in modo statico e viene sovrascritta ad ogni chiamata della funzione. Per memorizzare il contenuto della struttura, lo si deve copiare altrove.

Esempio

```
int main()
{
    struct tm *locale, *gm;
    time_t tempo;

    tempo= time(NULL);
    locale = localtime(&tempo);
    printf("Ora e data locale: %s\n",asctime(locale));
    gm = gmtime(&tempo);
    printf("Ora e data UTC: %s\n",asctime(gm));

    return 0;
}
```


mktime

Prototipo:

```
time_t mktime(struct tm *ora);
```

La funzione restituisce l'ora di calendario equivalente all'ora suddivisa specificata nella struttura tm. Questa funzione viene utilizzata principalmente per inizializzare l'ora di sistema.

Gli elementi tm_wday e tm_yday sono impostati dalla funzione e non devono essere definiti prima della chiamata.

Se mktime() non è in grado di rappresentare le informazioni come un'ora di calendario valida, restituisce il valore -1.

Esempio

```
int main()
{
    struct tm tempo;
    time_t nuovo;

    tempo.tm_year = 2030 - 1900;
    tempo.tm_mon = 0;
    tempo.tm_mday = 3;
    tempo.tm_hour = 0;
    tempo.tm_min = 0;
    tempo.tm_sec = 1;
    tempo.tm_isdst = 0;
    nuovo = mktime(&tempo);
    printf(ctime(&nuovo));

    return 0;
}
```

10.12. Più istanze con strutture astratte di dati

Nel capitolo riguardante la modularizzazione e le strutture astratte di dati, avevamo anticipato che per poter utilizzare più istanze di tali strutture avremmo avuto bisogno del concetto di struttura. Ora l'abbiamo e possiamo continuare il discorso.

Il limite dell'implementazione dello stack vista nel capitolo sulla modularità consisteva nell'impossibilità di crearsi più istanze di tipo *stack*. L'unico modo per creare più istanze è quello di spostare la definizione di una struttura unica *stack* nella parte di interfaccia, cioè nel file di header. Purtroppo il linguaggio C non prevede un meccanismo pulito di strutture astratte di dati, quindi, una volta che la definizione si trova nell'interfaccia, in realtà viene meno il principio dell'occultamento dell'informazione, visto che una programmazione poco attenta potrebbe accedere direttamente all'elemento *stack*, senza usare le funzioni di interfaccia.

Iniziamo con l'implementazione. Prima di tutto ci serve specificare i dati di uno stack in un'unica struttura, in questo modo:

```
struct stack {
    int memory[MAX];
    int sp;
};
```

La definizione verrà inserita nel file di header (che chiameremo mstack.h, multi-stack, per differenziarlo dal precedente stack.h), e le funzioni di interfaccia dovranno prevedere come primo parametro lo stack stesso, su cui andranno ad eseguire le modificeh del caso.

Questo sarà il file di header:

```
#ifndef __MSTACK__
#define __MSTACK__
```

```
#define MAX 20

typedef struct stack {
    int memory[MAX];
    int sp;
} Stack;


void push(Stack *, int);
int pop(Stack *);
int top(Stack *);

#endif
```

Questa invece, come esempio, l'implementazione minima di una funzione, nel caso specifico la funzione *push()*, contenuta in mstack.c

```
#include "mstack.h"


static int full(Stack *stack)
{
    return (stack->sp == MAX);
}

void push(Stack *stack, int elt)
{
    if (!full(stack)) {
        stack->memory[stack->sp++] = elt;
    }
}

...
```

In questi casi, per permettere l'inizializzazione della struttura, è utile mettere a disposizione una funzione di inizializzazione, da specificare anche nel file di header:

```
void initStack(Stack *stack)
{
    stack->sp = 0;
}
```

Oppure, se si desidera lavorare sempre con memoria di heap, è possibile mettere a disposizione una funzione in grado di creare la variabile stessa nella heap e restituire l'indirizzo. Vedremo il significato di questa allocazione dinamica più avanti nei capitoli:

```
Stack *createStack()
{
    Stack *stack = (Stack *)malloc(sizeof(Stack));
    stack->sp = 0;

    return stack;
}
```

Ecco un esempio di utilizzo di due stack, creati in modo diverso:

```
int main(){
    Stack stack1;
    Stack *stack2 = createStack();

    initStack(&stack1);
    push(&stack1, 11);
    push(&stack1, 12);
```

```
      push(stack2, 21);
      push(stack2, 22);

      printf("Popped from s1: %d, expected 12\n", pop(&stack1));
      printf("Top    from s1: %d, expected 11\n", top(&stack1));
      printf("Popped from s2: %d, expected 22\n", pop(stack2));
      printf("Popped from s1: %d, expected 11\n", pop(&stack1));
      printf("Popped from s2: %d, expected 21\n", pop(stack2));

      return 0;
   }
```

Tipi opachi

Abbiamo visto con l'esempio precedente come creare un modulo che permetta la creazione di più istanze.

Il limite della soluzione appena vista consiste nel fatto che la dichiarazione del tipo nel file di header (necessaria per poter dichiarare variabili di quel tipo nel programma principale) in realtà apre l'accesso del modulo client agli elementi della struttura, permettendo di usarla in modo inappropriato.

Il concetto di "tipo opaco", proposto una delle prime volte nel linguaggio procedurale Modula-2, poi ripreso in versioni rinnovate di Pascal, e in seguito diventato essenziale nella programmazione a oggetti, è quello di poter mettere a disposizione del modulo client un tipo di dati, senza permettere l'accesso alle sue singole componenti.

Per far questo dobbiamo spostare di nuovo la definizione del tipo nel file.c, permettendo però al file.h (header) di contenere una definizione ridotta (visibile all'esterno), che si riferisca alla versione completa definita all'interno del modulo.

La cosa è possibile in C, unicamente permettendo al modulo client la definizione di variabili puntatori al tipo desiderato, non variabili dirette del tipo voluto. Questo significa che l'allocazione vera e propria dev'essere delegata al modulo, così come già visto nella variante precedente, attraverso la funzione *createStack()*.

Ecco come si presenterebbe un'ipotetica implementazione contenuta in mstack.c:

```
      #include "mstack.h"

      struct stack {
         int memory[MAX];
         int sp;
      };

      static int full(Stack *stack)
      {
         return (stack->sp == MAX);
      }

      void push(Stack *stack, int elt)
      {
         if (!full(stack)) {
            stack->memory[stack->sp++] = elt;
         }
      }
```

La struttura viene dichiarata nel file di implementazione, omettendo però l'utilizzo di typedef, perché verrà usato in mstack.h per rendere visibile all'esterno il tipo.

In questo caso diventa determinante la presenza della funzione di allocazione dinamica, perché rappresenta l'unica possibilità per creare e inizializzare una variabile di tale tipo.

```
      Stack *createStack()
      {
         Stack *stack = (Stack *)malloc(sizeof(Stack));
         stack->sp = 0;

         return stack;
```

```
    }
```

La parte di intestazione non conterrà più la definizione della struttura, ma dovrà in qualche modo renderla visibile, senza i suoi campi.
Basterebbe la dichiarazione:

```
    struct stack;
```

ma visto che ci interesa anche sostituire il nome composto con un nome unico, utilizziamo qui l'istruzione *typedef*, assieme al resto del contenuto del file di header:

```
    typedef struct stack Stack;


    void push(Stack *, int);
    int pop(Stack *);
    int top(Stack *);
```

Come detto, in questo caso la possibilità di utilizzo sarà data unicamente attraverso l'uso dei puntatori e l'allocazione dinamica, delegata alla funzione createStack(), che allocherà sulla heap la dimensione di un elemento Stack, restituendone l'indirizzo.
Ecco la modifica dell'esempio precedente:

```
    int main(){
        Stack stack1;
        Stack *stack2 = createStack();

        initStack(&stack1);

        push(stack2, 21);
        push(stack2, 22);

        printf("Popped from s2: %d, expected 22\n", pop(stack2));
        printf("Popped from s2: %d, expected 21\n", pop(stack2));

        return 0;
    }
```

11. Preprocessore

Le istruzioni del preprocessore vengono eseguite prima che avvenga la compilazione del programma. Il preprocessore serve a rimpiazzare abbreviazioni simboliche, include il testo di altri file nel programma da compilare e può modificare le condizioni di compilazione.

Abbiamo già visto diverse istruzioni di preprocessore, come #include, #define, #ifdef, ecc. Ora riassumiamo le loro caratteristiche principali, approfondendo alcuni aspetti.

11.1. Costanti simboliche e macro

Le costanti simboliche vengono definite con l'istruzione di preprocessore #define. La costante ha valore dal punto di definizione fino al termine del file.

Ogni simbolo definito in questo modo viene rimpiazzato direttamente nel testo con il suo valore corrispondente prima della compilazione.

```
#define TRE 3
#define MESSAGGIO "Sopra la panca la capra canta"
#define NOVE TRE*TRE
#define PX printf("X corrisponde a %d\n",x)
#define FORM "X corrisponde a% d\n"

int main()
{
    int x = TRE;

    PX;
    x = NOVE;
    printf(FORM,x);
    printf("%s\n", MESSAGGIO);
    printf("TRE: MESSAGGIO\n");

    return 0;
}
```

Ogni linea di definizione ha tre parti. La prima è l'istruzione #define; la seconda è il simbolo o abbreviazione, anche conosciuta come "macro"; mentre la terza è la stringa di sostituzione, cioè la parte che verrà introdotta al posto del simbolo nel testo da compilare (espansione della macro).

È importante che la seconda parte, cioè il simbolo, non contenga spazi vuoti.

Il risultato dell'esempio mostrato sopra è il seguente:

```
X corrisponde a 3
X corrisponde a 9
Sopra la panca la capra canta
TRE: MESSAGGIO
```

Dal risultato possiamo notare:

- La prima istruzione contenuta nel *main* è un'assegnazione, in cui il simbolo *TRE* è stato sostituito dal simbolo numerico 3.

- La seconda istruzione ci mostra che la sostituzione si può fare non solo con una stringa, ma anche con un'intera espressione in linguaggio C.

- La terza istruzione assegna a x la parte corrispondente al simbolo *NOVE*. Questa non è 9, ma la sostituzione di *TRE*TRE*, cioè 3*3. Il valore nove viene calcolato durante la compilazione (il compilatore C calcola le espressioni costanti). Il preprocessore esegue solo le sostituzioni.

- Anche la quarta e la quinta istruzione eseguono semplicemente una sostituzione, prima di *FORM* e poi di *MESSAGGIO*.

- In generale se il preprocessore trova una macro nel testo del programma la sostituisce con la stringa corrispondente. C'è però un'eccezione, quella mostrata nell'ultima istruzione: se una macro si trova all'interno di virgolette non viene sostituita.

  Se avessimo desiderato sostituire le due macro avremmo dovuto scrivere:

```
printf("%d: %s\n", TRE, MESSAGGIO);
```

11.2. Macro con argomenti

Una macro con degli argomenti è molto simile ad una funzione. Vediamo un esempio:

```
#define QUADRATO(x) x*x
#define PR(x) printf("x vale %d\n",x)


int main()
{
    int val=4;
    int res;

    res= QUADRATO(val);
    PR(res);
    res= QUADRATO(2);
    PR(res);
    PR(QUADRATO(val));
    PR(QUADRATO(val+2));
    PR(100/QUADRATO(2));
    PR(QUADRATO(++val));

    return 0;
}
```

L'espressione *QUADRATO(val)* nel programma, viene sostituita da *val*val*, questo significa che la x della definizione si comporta in modo simile all'argomento di una funzione. Non però esattamente.

```
x vale 16
x vale 4
x vale 16
x vale 14
x vale 100
x vale 36
```

Dal risultato possiamo notare:

- La x contenuta nella stringa di controllo di *printf* non è stata sostituita, analogamente a quanto successo nell'esempio precedente con *TRE* e *MESSAGGIO*.

  Se si desidera sostituire anche la x nella stringa con l'espressione passata dal parametro, la x dev'essere tolta dalla stringa ed essere preceduta da #:

```
#define PR(x) printf(#x" vale %d\n",x)
```

Con questa definizione l'output del programma si presenterebbe come segue:

```
res vale 16
res vale 4
QUADRATO(val) vale 16
QUADRATO(val+2) vale 14
100/QUADRATO(2) vale 100
QUADRATO(++val) vale 30
```

- Il risultato ottenuto dalla chiamata QUADRATO(val+2), con val uguale a 4, è sorprendentemente 14 invece di 36. La ragione è la seguente: il preprocessore non esegue calcoli, ma solo sostituzioni, perciò ovunque si trovi una *x* all'interno della macro viene sostituita con *val+2*. Il risultato è che *x*x* diventa *val+2*val+2*, espressione che eseguita dà 4+8+2=14.

  Per correggere questa situazione è necessario modificare la definizione della macro inserendo delle parentesi:

  ```
  #define QUADRATO(x) (x)*(x)
  ```

- Questa modifica non basta però per ottenere il risultato desiderato nell'istruzione successiva. Consideriamo l'espressione *100/QUADRATO(2)*.

  Questa, con le sostituzioni, diventa *100/2*2* e secondo i normali criteri di precedenza viene valutata da sinistra a destra ottenendo 100.

  Questo inconveniente può essere evitato definendo la macro in un altro modo:

  ```
  #define QUADRATO(x) (x*x)
  ```

  Le sostituzioni qui producono *100/(2*2)* permettendo l'ottenimento di 25. Per risolvere contemporaneamente anche il problema precedente la definizione definitiva risulta essere:

  ```
  #define QUADRATO(x) ((x)*(x))
  ```

  Cioè l'inserimento di tutte le parentesi necessarie.

- Neanche quest'ultima modifica porta però alla correzione dell'ultimo esempio, quello dell'istruzione *QUADRATO(++val)* che diventa *++val*++val* incrementando val due volte, ottenendo perciò *5*6 = 30*.

  L'unico rimedio per questo problema è quello di evitare l'operazione di incremento come argomento di una macro, perché questo viene sostituito ogni volta che viene utilizzato l'argomento all'interno della macro (da notare che in una funzione questo problema non esisterebbe).

Macro o funzione

Molte operazioni possono venir realizzate sia con funzioni che con macro. Non ci sono regole fisse per decidere quando usare una o quando usare l'altra. Ecco alcune considerazioni utili per la scelta:

- Abbiamo visto che le macro possono nascondere degli effetti collaterali. È buona cosa usare le macro per operazioni relativamente brevi, in modo da non complicare l'eventuale operazione di debugging. Alcuni compilatori limitano la definizione di una macro a una linea.

  Alcuni esempi tipici sono:

  ```
  #define MAX(x,y) ((x) > (y) ? (x) : (y))
  #define ABS(x) ((x) < 0 ? -(x) : (x))
  #define ISSIGN(x) ((x) == '+' || (x) == '-' ? 1 : 0)
  ```

- Decisione macro o funzione vuol anche dire scelta tra tempo e spazio. Una macro genera codice "inline", cioè rimpiazza ogni chiamata con l'intero blocco, mentre una funzione occupa un unico posto, obbligando però il programma a saltare ogni volta che si ha una chiamata.

- Un vantaggio (ma anche svantaggio...) delle macro è che hanno argomenti senza tipo, perciò la macro *QUADRATO* vista prima potrebbe essere utilizzata anche con float, double, ecc.

Funzioni inline

Abbiamo visto in precedenza che dallo standard C99, il C ha la possibilità di dichiarare funzioni inline. La funzione inline può essere vista come un buon compromesso tra funzione e macro, nel senso che è equivalente alle macro in termini di efficienza, ma elimina tutti gli svantaggi.

In particolare:

- La macro non esegue nessun controllo sui tipi, mentre la funzione inline è tipizzata
- La macro non prevede l'espressione di return. Se la inserisse, questa verrebbe interpretata come l'espressione di return della funzione che contiene la chiamata alla macro. Il risultato della macro può essere solo il risultato della sua ultima espressione. La funzione inline, al contrario, ha tutte le caratteristiche di una funzione normale.
- Le macro, come abbiamo visto, possono generare effetti collaterali dovuti al loro carattere di essere delle sostituzioni di precompilazione.
- Con le macro si introduce una sintassi diversa dal resto del programma.
- Le informazioni di debugging sono più coerenti e utili con le funzioni inline che con le macro.

Per tutti questi motivi e per i problemi che le macro possono causare, a partire da C99, non c'è ragione per specificare funzionalità attraverso macro. Meglio usare funzioni e funzioni inline.

Naturalmente la macro è comunque un meccanismo che va conosciuto, sia per situazioni in cui C99 non viene riconosciuto, sia, soprattutto, per la gestione e la manutenzione di vecchio codice che ne facesse uso.

11.3. Inclusione di file

Quando il preprocessore trova la direttiva *#include* cerca il file specificato e copia il testo nel programma contenente l'istruzione.

Il file può essere specificato in due modi:

```
#include <stdio.h>
#include "stack.h"
```

Nel primo caso il file viene cercato nelle directory standard del sistema, mentre le virgolette comunicano al sistema di cercarlo prima nella directory corrente.

Nel secondo caso è anche possibile specificare il nome del file per esteso:

```
#include "/usr/working/stack.h"
```

11.4. Altre direttive

Altre direttive o istruzioni del preprocessore sono *#undef*, *#if*, *#ifdef*, *#ifndef*, *#else*, *#elif* e *#endif*.

Vengono utilizzate con programmi lunghi. Permettono ad esempio di eliminare definizioni fatte in precedenza e produrre file compilabili in più modi.

L'istruzione *#undef* serve ad annullare la definizione di una macro. Supponiamo di avere la seguente definizione:

```
#define DIM 20
```

La direttiva

```
#undef DIM
```

serve ad annullare la definizione ddella macro *DIM*. A volte serve annullare una macro per essere sicuri
che le chiamate che seguono con lo stesso nome si riferiscano a funzioni:

```
#undef getchar

int getchar(void)
{...}
```

Altre istruzioni servono a definire una compilazione condizionale, cioè una compilazione dipendente da
alcuni parametri:

```
#ifdef CON_INT

#include "stack_i.h"
#define DIM 20

#else

#include "stack_f.h"
#define DIM 15

#endif
```

L'istruzione *#ifdef CON_INT* può anche essere espressa con *#if defined (CON_INT)*.
Il prossimo esempio mostra l'utilizzo di *#if* e di *#elif*, che corrisponde all'istruzione *elsif* in C:

```
#if SYS == "IBMPC"
#include "ibmpc.h"
#elif SYS == "MAC"
#include "mac.h"
#else
#include "general.h"
#endif
```

Un altro esempio già visto in precedenza è quello da introdurre nei file di interfaccia per evitare che
vengano inclusi ricorsivamente:

```
#ifndef __stack__
#define __stack__
....
#endif
```

12. Files

Capita di voler registrare i risultati di un programma, oppure di voler leggere dati in un modo che non sia quello da tastiera. Per fare questo ci sono i file.

I file sono contenitori di informazioni permanenti che vanno oltre la durata dell'esecuzione di un programma. I file sono gestiti dal sistema operativo, con cui un programma interagisce per creare, leggere, modificare, cancellare file.

In C la libreria standard fornisce un insieme di funzioni per la gestione dei file.

Un programma C può aprire un flusso di comunicazione binario o uno di tipo testo. Un flusso binario è una sequenza di byte, un flusso di testo è invece una sequenza di caratteri generalmente suddivisa in linee terminate da un carattere di *newline*.

12.1. Operazioni principali

Con i file si lavora sempre allo stesso modo: si apre il file, si effettuano le operazioni desiderate, si chiude il file. Le seguenti operazioni si trovano nel file standard di biblioteca <stdio.h>:

fopen	apre un file
fclose	chiude un file
fprintf	scrive output formattato in un file
fscanf	legge dati formattati da un file
fgetc	legge un carattere da un file
getc	legge un carattere da un file (macro)
fputc	scrive un carattere in un file
putc	scrive un carattere in un file (macro)
ungetc	rimette nel buffer l'ultimo carattere letto
fgets	legge una linea da un file
fputs	crive una linea in un file
fread	legge dati da un file
fwrite	scrive dati in un file

Siccome è possibile aprire più di un file alla volta, la <stdio.h> ha bisogno di poterli identificare in modo univoco. Invece di utilizzare il nome del file viene utilizzato un puntatore di tipo FILE. Il nome si usa solo al momento in cui il file viene aperto.

La definizione di FILE in <stdio.h> è la seguente:

```
typedef struct __sFILE {
        unsigned char *_p;
        int      _r;
        int      _w;
        short    _flags; /
        short    _file;
        struct   __sbuf _bf;
        int      _lbfsize;
        ...
        fpos_t   _offset;
} FILE;
```

Quando si utilizzano i file, non si ha mai la necessità di accedere agli elementi di questa struttura, perché lo si può fare con le funzioni messe a disposizione dalla libreria che vediamo ora.

Apertura

Un file viene aperto con questa funzione che ha bisogno di due argomenti: il nome del file e il modo in cui si vuole utilizzare il file.

```
FILE *fopen(char *nomefile, char *mode)
```

È possibile leggere, scrivere in un file, aggiungere dati alla fine del file o aggiornarlo (leggere e scrivere). I vari modi sono riassunti nella tabella che segue:

Modo	Significato
r	legge dal file
w	scrive in un file (se il file non esiste lo crea, se esiste perde il contenuto)
a	scrive alla fine del file (se non esiste lo crea)
r+	legge e scrive nel file (come r, ma si può anche scrivere)
w+	legge e scrive nel file (come w, ma si può anche leggere)
a+	legge (in tutto il file) e scrive alla fine del file
...b	Aggiungendo la lettera 'b' alle operazioni precedenti ottiene lo stesso significato, ma in modalità binaria (rb,wb,ab,rb+,wb+,ab+)

Se si vuole semplicemente leggere i dati da un file già esistente:

```
FILE *fp;
fp = fopen("datafile","r");
```

Se si vuole creare un nuovo file per introdurre dei dati, si usa il modo "w", ricordandosi che se il file esiste già il suo contenuto va perso:

```
fp = fopen("results","w");
```

I modi "a" e "a+" permettono di scrivere assicurando di non perdere i dati contenuti precedentemente, perché le aggiunte vanno fatte alla fine.
I modi "r+", "w+" e "a+" permettono sia la lettura che la scrittura. Quando si usa "r+" significa che si ha un file che si vuole leggere e a cui si vuole anche fare modifiche. Il modo "w+", rispetto a "w" permette anche la lettura, ma se il file esiste già il contenuto va perso.
Perciò il caso tipico in cui si ha una raccolta di dati da leggere ed eventualmente da aggiornare va risolta con "r+":

```
fp = fopen("database","r+");
```

La funzione fopen ritorna un puntatore di tipo FILE, che servirà per riferirsi al file scelto. Se l'operazione non riesce ritornerà il puntatore vuoto NULL.

Chiusura

Questa operazione permette di chiudere un file precedentemente aperto.

```
int fclose(FILE *fp)
```

La chiusura comporta l'assegnamento del valore NULL a fp e il rilascio del descrittore di tipo FILE.

Gestione di errori

Nella struttura che descrive lo stato di un file aperto esistono due campi destinati a registrare una situazione generica di errore o il verificarsi della condizione di fine file.

Il programmatore può controllare il verificarsi di una di queste due situazioni con le funzioni *ferror()* e *feof()*:

```
int ferror(FILE *fp)

int feof(FILE *fp)
```

La prima restituisce 0 se nessun errore è stato commesso. La seconda restituisce 0 se la condizione di fine file non è stata raggiunta, un valore diverso da zero in caso contrario.

Lettura e scrittura formattata

Esistono due funzioni equivalenti a quelle usate per leggere da standard input e scrivere su standard output (scanf() e printf()), con l'unica differenza di avere come primo argomento un puntatore ad un file.

```
int fscanf(FILE *fp, char *format,...)

int fprintf(FILE *fp, char *format,...)
```

Se *infile* è un puntatore a un file:

```
fscanf(infile, "%d %d", &mese, &anno);
```

questa funzione legge due interi da un file. Se invece outfile è un puntatore ad un file di scrittura:

```
fprintf(outfile, "La risposta è %d\n", risultato);
```

la funzione scrive nel file la linea specificata.

Il programma che segue crea un file chiamato *nomi* aprendolo nel modo "w" e introduce alcuni dati:

```
int main()
{
    FILE *outfile;

    if ((outfile=fopen("nomi","w"))!= NULL) {
        fprintf(outfile,"Tizio\n");
        fprintf(outfile,"Caio\n");
        fprintf(outfile,"Sempronio\n");
        fclose(outfile);
    }

    return 0;
}
```

Adesso il file *nomi* contiene i tre nomi introdotti con l'utilizzo dei tre *fprintf()*. Se volessimo riaprire lo stesso file solamente per aggiungere nomi, potremmo farlo con il modo "a":

```
int main()
{
    FILE *outfile;

    if ((outfile=fopen("nomi","a"))!= NULL) {
        fprintf(outfile,"Caino\n");
        fprintf(outfile,"Abele\n");
        fclose(outfile);
    }

    return 0;
}
```

Da notare che ci sono 3 puntatori predefiniti nella libreria: *stdin*, *stdout* e *stderr*.
Operazioni di questo tipo:

```
fprintf(stdout, "Operazione riuscita");
fscanf(stdin,"%d",&i);
```

sono equivalenti a:

```
printf("Operazione riuscita");
scanf("%d",&i);
```

Lettura e scrittura di caratteri

Ci sono operazioni specifiche che servono ad eseguire input e output di caratteri su file:

```
int putc(FILE *fp, int ch)
int getc(FILE *fp)

int fputc(FILE *fp, int ch)
int fgetc(FILE *fp)
```

Le due di output, *putc* e *fputc*, lavorano come la già nota *putchar()* e scrivono singoli caratteri.

Le due di input, *getc* e *fgetc*, lavorano come *getchar()* e leggono caratteri singoli, restituendo EOF come ultimo elemento del file.

La differenza tra *getc()* e *fgetc()* è che la prima è implementata come macro ed è quindi più veloce, ma può presentare effetti collaterali. Nei casi in cui l'efficienza è il fattore più importante è da preferire l'utilizzo della prima, a meno che non ci sia un impedimento ad usare macro (se ad esempio dovessimo definire un puntatore alla routine di lettura di un carattere, saremmo obbligati ad usare come routine la funzione *fgetc*, perché non è possibile avere un puntatore ad una macro).

```
int main()
{
    FILE *infile;
    int c;

    if ((infile=fopen("istruzioni","r"))!=NULL) {
        while((c=fgetc(infile))!=EOF) {
            putchar(c);
        }
    }

    return 0;
}
```

Questo programma serve a leggere un file contenente delle istruzioni e a visualizzarne il contenuto sullo standard output.

Il prossimo serve a copiare il contenuto del file *nomi* nel file *nomi2*.

```
int main()
{
    FILE *infile, *outfile;
    int c;

    if ((infile=fopen("nomi","r"))!=NULL && (outfile=fopen("nomi2","w")!=NULL) {
        while((c=fgetc(infile))!=EOF) {
            fputc(c,outfile);
        }
    }

    return 0;
}
```

Una soluzione migliore sarebbe quella di leggere il nome dei file dalla linea di comando

Restituzione di un carattere

A volte è necessario leggere un carattere più avanti di ciò che si ha effettivamente bisogno, specialmente quando si tratta leggere caratteri per riconoscere determinate strutture o formati. È quindi utile poter "ridare indietro" il carattere di troppo che si è letto. Lo si può fare con la funzione

```
int ungetc(int ch,FILE *fp);
```

In realtà il carattere viene introdotto in un buffer, in cui accede il prossimo *getc()*.

Da notare che non è garantito dal sistema il ritorno di più di un carattere, non essendoci nessuna definizione precisa sull'implementazione del buffer.

Lettura e scrittura di stringhe

Anche in questo caso si tratta di funzioni corrispondenti ad altre già viste:

```
char *fgets(char *str, int n, FILE *fp)

int fputs(char *str, FILE *fp)
```

Ci sono comunque delle importanti differenze. La funzione *fgets* ha tre argomenti:

```
fgets(buffer,30,infile);
```

Questa chiamata legge 29 caratteri dal file (se non trova un *newline* prima) e aggiunge un '\0' come ultimo carattere di buffer.

Una differenza importante è che *fgets()*, se lo trova prima del limite dato come argomento, registra il carattere di *newline*, mentre *gets()* non lo fa mai.

Anche *fgets()*, come *gets()*, restituisce NULL se raggiunge la fine del file senza leggere caratteri.

La funzione *fputs()* scrive una linea nel file specificato, ma, diversamente da *puts()*, non aggiunge,in più, un carattere di newline.

Possiamo perciò definire le seguenti equivalenze:

```
puts(buffer)           <==>           printf("%s\n",buffer)
fputs(buffer,stdout)   <==>           printf("%s",buffer)
```

Bisogna perciò stare attenti a non mischiare chiamate di *fputs()* e *fgets()* con chiamate di *puts()* e *gets()*. Sono infatti funzioni pensate per lavorare in coppia.

```
int main()
{
    FILE *infile;
    int c;
    char buffer[50];

    if ((infile=fopen("istruzioni","r"))!=NULL){
        while(fgets(buffer,50,infile)!=NULL){
            fputs(buffer,stdout);
        }
    }

    return 0;
}
```

Lettura e scrittura per blocchi (strutture)

È possibile accedere in lettura o in scrittura ai dati di un file leggendo o scrivendo un intero blocco di dati testuali o binari. Le funzioni sono le seguenti:

```
int fread(void *ptr, int size, int n, FILE *fp)

int fwrite(void *ptr, int size, int n, FILE *fp)
```

Le due funzioni consentono di precisare l'indirizzo di un vettore destinato a contenere gli elementi che compongono il blocco, la dimensione in byte del blocco, il numero di elementi e il file.
La chiamata:

```
letti = fread(buf,size,n,stream)
```

Indica di leggere *n* elementi da *stream*, dove ogni elemento occupa un numero *size* di byte. I dati vengono letti nel buffer puntato da *buf*. La funzione restituisce un valore intero indicante il numero di elementi letti. Questo numero sarà minore di n se durante la lettura è stata incontrata la fine del file.

```
letti = fread(line, sizeof(char),80,infile);
letti = fread(values,sizeof(int),100,datafile);
```

Se gli elementi sono caratteri, fread non inserisce automaticamente il carattere nullo ('\0') alla fine della stringa.
Se si hanno 100 interi registrati in formato "binary" si possono leggere con *fread()*, specificando la grandezza di un elemento in byte.

La chiamata a *fwrite()* è simile alla precedente:

```
scritti = fwrite(buf,size,n,stream)
```

In questo caso *n* elementi di grandezza *size* vengono scritti dal buffer puntato da *buf* al file specificato da *stream.*. Anche *fwrite()* restituisce il numero di elementi scritti correttamente.
Il file *<stdio.h>* contiene la definizione della costante *BUFSIZ* (buffer size) che specifica la grandezza del buffer nel sistema. Si può usare questo valore per scrivere e leggere dati utilizzando l'intero buffer.

```
int main()
{
    char buf[BUFSIZ];
    int n;
    FILE *infile, *outfile;

    if (((infile=fopen("nomi","r"))!=NULL)&&((outfile=fopen("nomi3","w"))!=NULL)){
        do {
            n = fread(buf,sizeof(char),BUFSIZ,infile);
            fwrite(buf,sizeof(char),n,outfile);
        }while(n==BUFSIZ);
    }

    return 0;
}
```

Il prossimo esempio utilizza invece la lettura e la scrittura di intere strutture in un file:

```
typedef struct {
    char nome[30];
    char indirizzo[50];
} Persona;

typedef struct {
    char nome[30];
    char indirizzo[50];
    char avs[15];
} Nuova_persona;

...

int aggiornaPersone(FILE *fpers, FILE *favs, FILE *fnewpers)
```

```
{
    Persona pers;
    char avs[15];
    Nuova_persona newpers;

    while (fread(&pers,sizeof(Persona),1,fpers) != 0) {
        fread(avs,sizeof(char),15,favs);
        strcpy(newpers.nome,pers.nome);
        strcpy(newpers.indirizzo,pers.indirizzo);
        strcpy(newpers.avs,avs);
        fwrite(&newpers, sizeof(Nuova_persona),1,fnewpers);
    }
}
```

12.2. Accesso non sequenziale

Per loro natura le operazioni su file sono sequenziali. Quando si esegue una serie di *getc()*, vengono letti caratteri uno dopo l'altro, partendo dall'inizio, spostandosi sempre di una posizione. Che determina la posizione, sia in read che in write, è un numero, *file offset*, che è associato con ogni file aperto.

Quando questo valore è zero, il prossimo *getc()* legge il primo carattere e il valore viene incrementato. Di solito per un file appena aperto il *file offset* vale zero, tranne che per i file di modo "a", in cui vale uno in più della posizione dell'ultimo carattere.

Se operiamo su file in modo sequenziale, il valore di *file offset* non ci interessa. Se però abbiamo bisogno un accesso di tipo "random", cioè accedere direttamente in ogni elemento del file, abbiamo bisogno di funzioni che ci permettono di leggere e di modificare il *file offset*. Le operazioni sono:

fseek	modifica il valore del file offset
rewind	rimette a zero il valore di file offset
ftell	legge il valore di file offset

La funzione *fseek()* ha bisogno di tre argomenti:

```
int fseek(FILE *fp, long offset, int mode)
```

Il primo è un pointer al file, il secondo un valore di offset e il terzo un valore di controllo che serve a stabilire il mode. L'offset è un *long* il cui significato è determinato dal terzo argomento.

Questi sono i valori del terzo argomento e i loro significati:

0 (SEEK_SET):	Offset assoluto a partire dall'inizio del file.
1 (SEEK_CUR):	Offset relativo (positivo o negativo) a partire dalla posizione attuale.
2: (SEEK_END):	Offset a partire dalla fine del file.

Vediamo un esempio utilizzando, per semplicità, caratteri.

```
int main()
{
    FILE *infile=fopen("test","r");
    char ch;

    if (infile!=NULL) {

        ch = fgetc(infile);
        printf("%c ", ch);

        fseek(infile, 4 * sizeof(char), SEEK_SET);  /* dall'inizio */
        ch = fgetc(infile);
        printf("%c ", ch);

        fseek(infile, -2 * sizeof(char), SEEK_CUR);  /* relativo */
        ch = fgetc(infile);
```

```
        printf("%c ", ch);

        fseek(infile, -5 * sizeof(char), SEEK_END);  /* dalla fine */
        ch = fgetc(infile);
        printf("%c ", ch);

        rewind(infile);  /* reset */
        ch = fgetc(infile);
        printf("%c ",ch);
    }

    return 0;
}
```

Supponendo che il contenuto del file "test" preso come file di input sia:

```
        abcdefghilm
```

l'output della chiamata al programma sarebbe:

```
        a  e   d   g   a
```

Il file "test" contiene 11 lettere in totale, da "a" a "m". Quando il file viene aperto, l'offset vale zero, cioè punta al primo elemento del file:

```
        abcdefghilm
        |
```

La chiamata *fgetc()* legge quindi il primo carattere, lo stampa con *printf()* e incrementa il valore di offset, che punta ora al secondo elemento:

```
        abcdefghilm
         |
```

Il primo *fseek()* che incontriamo ha zero come valore di controllo, cioè assegna il valore 4 (4 * 1 byte, la lunghezza di un carattere) direttamente a *file offset*:

```
        abcdefghilm
            |
```

La successiva chiamata *fgets()* legge il carattere 'e' incrementando ulteriormente il puntatore:

```
        abcdefghilm
             |
```

La seconda chiamata a *fseek()* è relativa alla posizione attuale, cioè si sposta indietro di due posizioni:

```
        abcdefghilm
           |
```

La chiamata *fgets()* legge il carattere 'd' incrementando il puntatore.
La terza chiamata a *fseek()* dice di spostare il puntatore indietro di 5 partendo dalla posizione di fine file. La posizione di fine file è una in più rispetto all'ultimo carattere. Sapendo che il nostro file contiene 'm' come ultimo carattere:

```
        abcdefghilm
                  |
```

Spostarsi di 5 indietro significa perciò:

```
        abcdefghilm
              |
```

Così la successiva chiamata a *printf()* avrà come risultato quello di stampare la lettera 'g'.

La chiamata a *rewind()*, infine, rimette *offset* a zero e permette di leggere il primo carattere del file.

Esempi

Il primo esempio serve semplicemente a creare un file contenente dati riguardanti persone utilizzando strutture:

```
typedef struct data {
    int giorno;
    int mese;
    int anno;
} Data;

typedef struct impiegato {
    char nome[25];
    char ufficio[4];
    int classe_salario;
    Data data_inizio;
} Impiegato;


int main()
{
    FILE *impdata=fopen("database.dtb","wb");
    Impiegato imp[100]= {
        {"Gino Rossi","4A",28,{12,3,89}},
        {"Franco Bianchi","4B",31,{1,1,85}},
        {"Geo Bernasconi","2A",30,{1,6,88}}
    };
    int persone=3;

    if (impdata!=NULL){
        fwrite(imp,sizeof(Impiegato),persone,impdata);
        printf("File creato\n");
    }

    return 0;
}
```

Il secondo esempio legge da un file binario una serie di numeri interi elemento per elemento, riscrivendola in ordine inverso:

```
int main()
{
    long inizio = 0, fine;
    int numInizio, numFine;
    FILE *fp = fopen("numeri","rb+");

    if (fp!=NULL) {
        fseek(fp,0,SEEK_END);
        fine = ftell(fp)-sizeof(int);
        while(inizio < fine) {
            //lettura
            fseek(fp, inizio, SEEK_SET);
            fread(&numInizio, sizeof(int),1,fp);
            fseek(fp, fine, SEEK_SET);
            fread(&numFine, sizeof(int),1,fp);
            //scambio
            fseek(fp, fine, SEEK_SET);
            fwrite(&numInizio, sizeof(int),1,fp);
            fseek(fp, inizio, SEEK_SET);
            fwrite(&numFine, sizeof(int),1,fp);
            inizio +=  sizeof(int);
            fine -=  sizeof(int);
        }
```

```
    }
    return 0;
}
```

13. Operatori bit a bit

Le oparazioni bit a bit si riferiscono alle operazioni sugli elementi di informazione più piccoli sui quali un calcolatore può operare. Un bit viene solitamente rappresentato da un 1 o uno 0.

Le operazioni bita a bit permettono di operare sul calcolatore al più basso livello.

Sappiamo che 8 bit formano un byte e che 4 bit di un byte vengono anche chiamati "nibble":

     0110 0100

In valori esadecimali il byte appena rappresentato verrebbe scritto in questo modo: 0x64.

Il linguaggio C usa infatti il prefisso "0x" per specificare che sta rappresentando un valore in forma esadecimale (o base 16).

I valori esadecimali vengono spesso usati, per comodità, per rappresentare i valori di un byte. Infatti ogni cifra rappresenta esattamente 4 bit (un "bibble").

Decimale	Esadecimale	Binario
0	0	0000
1	1	0001
2	2	0010
3	3	0011
4	4	0100
5	5	0101
6	6	0110
7	7	0111
8	8	1000
9	9	1001
10	A	1010
11	B	1011
12	C	1100
13	D	1101
14	E	1110
15	F	1111

Perciò, ad esempio, il numero esadecimale espresso in C in questo modo: 0xAF, corrisponde al valore binario 10101111.

13.1. Operatori

Gli operatori bit a bit permettono al programmatore di lavorare a livello di bit. La cosa può essere utile per operare su ogni singolo bit di un driver o lavorare a livello di pixel in un contesto grafico, mentre se si lavora a livello più alto, gli operatori bit a bit non si utilizzano mai.

Gli operatori sono i seguenti:

Operatore	Significato
&	AND bit a bit
|	OR bit a bit
^	XOR bit a bit
~	NOT (complemento a 1)
<<	Shift left
>>	Shift right

13.2. Operatore AND

Quando in C due variabili di 8 bit vengono utilizzate per un confronto bit a bit, significa che l'operatore viene applicato ad ogni bit.

```
char c1, c2;

c1 = 0x45;
c2 = 0x71;
printf("Risultato di %x & %x = %x\n", c1, c2, c1 & c2);
printf("Risultato di %d & %d = %d\n", c1, c2, c1 & c2);
```

Questo è l'output ottenuto:

```
Risultato di 45 & 71 = 41
Risultato di 69 & 113 = 65
```

Come mai?

```
    c1 = 0x45 = 69   binario    01000101
& c2 = 0x71 = 113 binario    01110001
--------------------------------------
=       0x41 = 65   binario    01000001
```

L'operatore & è diverso dall'operatore conosciuto &&.

Si può comunque utilizzare l'operatore & per verificare se un numero è pari o dispari, sfruttando il fatto che in formato binario ogni numero pari termina in 0 e ogni numero dispari termina in 1.

La funzione seguente esegue un'operazione bit a bit sull'ultimo bit di un valore numerico, restituendo se il valore è pari o dispari:

```
int even(int x)
{
    return (x & 1) == 0;
}
```

13.3. Operatore OR

L'operatore OR bit a bit dà 1 se uno dei due valori dell'operazione è un 1.
A livello di byte ecco cosa significa:

```
    c1 = 0x47  binario   01000111
  | c2 = 0x53  binario   01010011
  ------------------------------
       = 0x57  binario   01010111
```

13.4. Operatore XOR

L'operatore XOR (OR esclusivo) dà 1 unicamente se uno solo dei due valori dell'operazione è a 1.
A livello di byte ecco cosa significa:

```
    c1 = 0x47  binario   01000111
  ^ c2 = 0x53  binario   01010011
  ------------------------------
       = 0x14  binario   00010100
```

13.5. Operatore NOT

L'operatore NOT (anche conosciuto come "complemento a 1", "operatore di inversione" o "bit flip") è un operatore unario che restituisce il valore inverso dell'operando.
A livello di byte ecco cosa significa:

```
   i = 0x45  binario   01000101
  ~i = 0xBA  binario   10111010
```

13.6. Operatori di shift

Gli operatori di shift servono a spostare i dati a sinistra o a destra di una o più posizioni.
Ogni bit che viene spostato fuori dal byte a sinistra sparisce. I nuovi bit che entrano dalla destra sono sempre zeri.
L'operatore di shift verso destra si comporta allo stesso modo.

```
    i = 0x1C  binario   00011100
 i<<1 = 0x38  binario   00111000
 i>>2 = 0x07  binario   00000111
```

Per memorizzare il risultato è necessario assegnare il valore ottenuto:

```
  i = i <<3;
```

13.7. Maschere

Una maschera (mask) è una costante o variabile usata per estrarre determinati valori dai bit di un'altra variabile o da un'espressione. Per fare un esempio, la costante intera 1 ha la seguente rappresentazione in termini di bit:

```
00000000000000000000000000000001
```

Può essere usata per determinare i bit di ordine inferiore in un'espressione intera.
Il codice seguente utilizza tale maschera e mostra in output un'alternanza di valori 0 e 1.

```
for (int i = 0; i < 10; i++) {
    printf("%d", i & 1);
}
```

Se desideriamo trovare il valore di un particolare bit in un'espressione, usiamo una maschera con il valore 1 alla posizione desiderata, 0 nelle altre posizioni.
La costante esadecimale 0x10 esprime una maschera con il quinto bit a 1 (dalla destra). Così, l'espressione:

```
(value & 0x10) ? 1 : 0
```

darà 1, rispettivamente 0, a dipendenza dal valore del quinto bit in value.

La costante 0xFF ha la seguente rappresentazione in bit:

```
00000000000000000000000011111111
```

Siccome solo il byte di ordine inferiore è attivato, la seguente espressione:

```
value & 0xFF
```

restituirà un valore con i bit di ordine superiore tutti a zero e gli 8 bit di ordine inferiore pari al valore del byte più a destra di value. La maschera 0xFF è detta maschera per il byte di ordine inferiore.

Basandoci su quanto visto, possiamo ora scrivere una funzione in grado di stampare la rappresentazione i bit di un intero.

```
void printBit(int value)
{
    int mask = 1;        //0000...01
    mask = mask << 31;   //da ordine inferiore a ordine superiore

    for (int i = 1; i <= 32; i++) {
        //verifica il bit più a sinistra di value
        putchar(((value & mask) == 0) ? '0' : '1');

        //shift a sinistra, per considerare il prossimo
        value = value << 1;
    }
}
```

Esempio

Ecco un programma che usa mask e shift.
Si tratta di un programma che accetta da command line un valore decimale, esadecimale o ottale e stampa in output i valori corrispondenti in decimale, esadecimale, ottale e binario.
L'argomento ottale deve iniziare con la cifra 0 (zero), ad esempio 067, l'argomento esadecimale deve invece iniziare con il prefisso 0x, ad esempio 0xA3.

```
#define BITS 32

int main(int argc, char *argv[])
{
    int val;

    if(argc != 2) {
        printf("Utilizzo: %s n\n", argv[0]);
        exit(1);
    }

    sscanf(argv[1],"%i", &val);
    printf("%#x esadecimale\n", val);   // # serve a mostrare il tipo
    printf("%#o ottale\n", val);
    printf("%d decimale\n", val);

    for(int i = BITS-1; i >= 0; i--) {
        printf("%c", '0' + ((val & (1 << i)) >> i));   //maschera "dinamica"
        if(!(i & 3)) {
            printf(" ");
        }
    }
    printf(" binario\n");

    return 0;
}
```

- L'espressione (val & (1 << i) serve a controllare se il bit alla posizione "i" di "val" ha valore uno

- L'espressione finale >> i serve a riportare in prima posizione questo valore, in modo che l'espressione finale dia 1 oppure 0.

- L'espressione !(i & 3) serve ad identificare tutti i valori di "i" che non hanno valore "1" nelle prime due posizioni (hanno cioè "00"): multipli di 4.

Esempio: 45

```
0X2D esadecimale
055 ottale
45 decimale
0000 0000 0000 0000 0000 0000 0010 1101  binario
```

Esempio: 0x45

```
0X45 esadecimale
0105 ottale
69 decimale
0000 0000 0000 0000 0000 0000 0100 0101  binario
```

14. Gestione dinamica della memoria

14.1. Allocazione dinamica

Vediamo ora il modo di ottenere parti di memoria in modo dinamico, cioè durante l'esecuzione di un programma.

Quando usiamo un array in un programma, dobbiamo dichiarare all'inizio le dimensioni di questo array. Non sempre però si può conoscere in anticipo la grandezza necessaria.

Se ad esempio dobbiamo leggere il contenuto di un file in un array, non è detto che ne conosciamo la dimensione in anticipo.

Ci sono funzioni che permettono di allocare o liberare memoria durante il tempo di esecuzione (<stdlib.h>).

malloc	alloca memoria
calloc	alloca memoria inizializzando a zero
realloc	cambia la dimensione dell'allocazione
free	libera la memoria allocata

Con *malloc* e *calloc* si può allocare spazio per i propri dati dopo aver determinato la dimensione necessaria. Se in seguito lo spazio allocato risulta essere troppo o troppo poco, si può modificare con *realloc*. In seguito, quando lo spazio non viene più usato, lo si può liberare con il comando *free*.

Malloc e calloc

```
void *malloc(unsigned int)
void *calloc(unsigned int, unsigned int)
```

Malloc ha come argomento il numero di byte da allocare.

Calloc, invece ha due argomenti: il numero di dati e la grandezza di uno; inoltre inizializza tutti i dati a zero.

Entrambi restituiscono un puntatore generico allo spazio riservato. Questo puntatore deve poi essere convertito nel programma.

```
char *charptr;
...
charptr = (char *)malloc(sizeof(char)*100);
if (charptr!= NULL) {
  printf("Memory allocated\n");
} else {
  printf("Malloc failed\n");
}
```

Tutti restituiscono il puntatore nullo se l'operazione non è riuscita.

Immaginiamo ora di voler riservare spazio per 500 numeri interi inizializzati a zero.

```
int *intptr;
intptr = (int *)calloc(500,sizeof(int));
```

Ora è stata riservata un'area di memoria per 500 elementi di tipo intero, con *intptr* che punta al primo elemento. Abbiamo perciò una situazione analoga ad un array di 500 elementi, in cui valgono le seguenti espressioni:

```
*intptr = 1;     /* assegna 1 al primo elemento dell'array */
++intptr;        /* punta al secondo elemento */

int *iptr;
for (iptr=intptr; iptr<intptr + 500; ++iptr) {
   *iptr = -1;      /* inizializza tutti gli elementi a -1 */
}

int i;
for (i=0; i<500; ++i) {
   intptr[i] = -1;  /* stessa operazione effettuata sopra */
}
```

Supponiamo ora di voler scrivere un programma che legga da file o da terminale un massimo di 100 righe di testo, in cui ogni riga sia al massimo 80 caratteri (compreso '\0').

Con una normale matrice occuperemmo 100x80 byte. Sapendo però che una linea è occupata mediamente da 35 caratteri, se potessimo adattare almeno una dimensione potremmo risparmiare più del 50% di memoria.

```
#include <stdio.h>
#include <string.h>
#include <stdlib.h>

#define MAX_LINES 100
#define MAX_WIDTH 80

char *tabella[MAX_LINES];
char buffer[MAX_WIDTH];

void lettura()
{
   for (int i = 0; i<MAX_LINES && fgets(buffer, MAX_WIDTH, stdin); i++) {
      tabella[i]=(char *)malloc(strlen(buffer));
      strcpy(tabella[i], buffer);
   }
}
```

Realloc

```
void *realloc(void *, unsigned int)
```

Anche se ora è possibile allocare memoria durante l'esecuzione del programma, capita di dover modificare lo spazio allocato con *malloc()* e *calloc()*. Per questo c'è la funzione *realloc()* che permette di aumentare o di diminuire lo spazio riservato in precedenza.

È importante che *realloc()* abbia come primo parametro il puntatore ottenuto dalla precedente chiamata di *malloc()* o *calloc()*. Come secondo ha invece la nuova dimensione dello spazio in memoria.

Nel caso in cui la dimensione richiesta è maggiore, il puntatore ritornato può essere diverso da quello datogli in entrata, questo perché lo spazio di allocazione dev'essere contiguo, perciò se non ce n'è a partire dalla riservazione precedente, il sistema è obbligato a cercare altrove. Il vecchio contenuto viene comunque copiato automaticamente.

Se ci sono altri pointer che puntavano a oggetti contenuti nello spazio riallocato, è responsabilità del programma controllare che vengano spostati.

Consideriamo di aver allocato spazio per 500 interi:

```
intptr = (int *)malloc(500*sizeof(int));
```

Se in seguito dobbiamo modificare la dimensione e aumentarla a 1000, usiamo realloc nel modo seguente:

```
intptr = (int *)realloc(intptr, 1000*sizeof(int));
```

Free

Questa funzione prende un singolo argomento che punta all'inizio di un'area di memoria allocata in precedenza e libera l'intero spazio allocato e non più necessario. Liberare memoria vuol dire evitare che il programma cresca a dismisura (se si effettuano molti malloc).

```
free(void *);
```

14.2. Gestione di una lista dinamica

Qui viene affrontato solo il problema delle liste semplici, per mostrare la soluzione in C. Strutture dati più complesse vengono trattate nella parte teorica separata dal linguaggio.

Si tratta qui di utilizzare i puntatori per costruire strutture di dati più complesse. Si mostra solo il meccanismo in C e non si entra nel merito della motivazione.
Il primo passo è quello di definire la struttura degli elementi con cui si vuole lavorare, tenendo conto dei campi di "collegamento" (consideriamo le liste semplici, quindi un solo campo di collegamento).
La struttura seguente definisce un elemento *listrec* in cui un campo punta ad un altro elemento dello stesso tipo.

```
struct listrec {
    int value;
    struct listrec *next
};
```

Per mostrare l'utilizzo di questa struttura iniziamo a definire una piccola lista con solo due elementi.
Dichiariamo due puntatori che puntano allo stesso tipo e allochiamo memoria per due strutture:

```
struct listrec *p1, *p2;

p1 = (struct listrec *)malloc(sizeof(struct listrec));
p2 = (struct listrec *)malloc(sizeof(struct listrec));
```

Per realizzare il collegamento tra p1 e p2 bisogna assegnare al campo next di p1 l'indirizzo dell'elemento puntato da p2, cioè p2:

```
p1->next = p2;
```

Quando si lavora con liste, la fine della lista viene segnalata in un modo simile a quello con cui si indica la fine di una stringa. In questo caso si utilizza un puntatore "nullo". Si tratta di un pointer con valore 0, visto che il linguaggio garantisce che nessun puntatore possa valere 0. Per rendere il programma più leggibile l'header file <stdio.h> contiene la seguente definizione:

```
#define NULL 0
```

La fine della nostra lista verrà perciò segnalata nel modo seguente:

```
p2->next = NULL
```

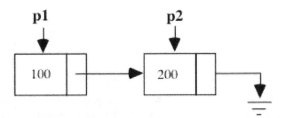

Ci sono alcune operazioni comuni associate alle liste: inserire un nuovo elemento nella lista, togliere un elemento dalla lista, cercare un elemento nella lista. Iniziamo a vedere la prima operazione.

Aggiunta di un elemento alla lista

Per creare lo spazio in memoria per un nuovo elemento è necessario utilizzare il comando:

```
void *malloc(unsigned int nbytes)
```

In entrata bisogna specificare la grandezza *(sizeof())* di memoria da definire per il tipo. Come valore di return si ha un puntatore "generico" (void *) che può essere convertito in un qualsiasi puntatore.
Se volessimo creare lo spazio in memoria per un nuovo elemento del tipo "listrec" avremmo la seguente chiamata:

```
struct listrec *new =
        (struct listrec *)malloc(sizeof(struct listrec));
```

Per aggiungere un nuovo elemento tra p1 e p2 nella lista considerata, dobbiamo far puntare il puntatore del nuovo elemento dove punta quello di p1. In seguito far puntare p1 sul nuovo elemento.

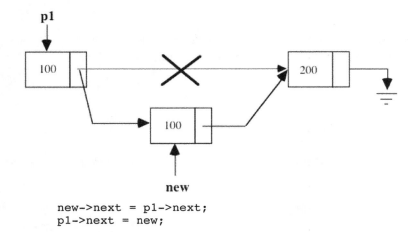

```
new->next = p1->next;
p1->next = new;
```

Da notare che p1->next deve essere utilizzato per new->next prima di venir modificato.
Gli elementi di una lista dinamica non occupano necessariamente posti consecutivi nella memoria.

Rimozione di un elemento da una lista

Quando si toglie un elemento da una lista è importante liberare lo spazio in memoria occupato dall'elemento. Per fare questo c'è la funzione:

```
void free(void *ptr)
```

In entrata bisogna dare l'elemento, il cui spazio in memoria può essere liberato.

Se desideriamo togliere l'elemento che segue quello puntato da x1 nella nostra lista di tre elementi, possiamo eseguire le seguenti istruzioni:

```
p1->next = new->next;
free(new);
```

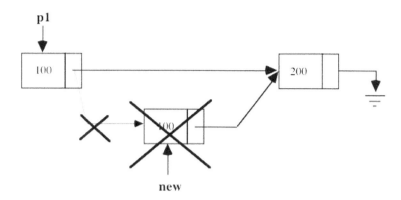

Da notare che il comando
```
p1->next = new->next;
```
avrebbe anche potuto essere scritto nel modo seguente:
```
p1->next = p1->next->next;
```

Ricerca in una lista dinamica

Quando la lista è più lunga di un paio di elementi come è stato il caso fin'ora, è utile avere un puntatore fisso sul primo elemento, ed eventualmente uno sull'ultimo, se l'inserimento avviene sempre alla fine della lista.

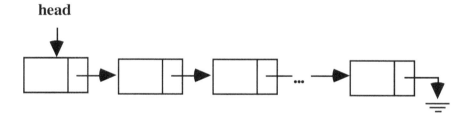

Un'altra operazione tipica in una lista è quella della ricerca di un elemento.

Scriviamo una funzione "cerca" che ha come parametri il puntatore all'inizio della lista e l'elemento intero da trovare nella lista. La funzione cerca l'elemento e, se lo trova, ritorna un puntatore alla struttura contenente l'elemento.

```
struct listrec *cerca (struct listrec *listptr, int element)
{
    while ((listptr != NULL) && (listptr->value != element)) {
        listptr = listptr->next;
    }

    return listptr;
}
```

15. Strutture di dati

15.1. Liste semplici

La coda di persone a uno sportello, i nomi nell'elenco telefonico, le pagine di un libro, ecc., sono tutti insiemi con un ordine lineare che possono venir rappresentati da liste.

Il tipo "lista", visto come ADT, non presenta nessuna differenza dal tipo "stringa". Anche quest'ultimo è una sequenza lineare di elementi. L'unica cosa che cambia sono gli elementi al suo interno: la stringa ha come elementi dei caratteri, mentre una lista, in generale, può avere elementi di qualsiasi tipo come strutture, interi, stringhe, ecc.

Le operazioni sull'ADT lista dipendono dal tipo di utilizzo che si vuole fare della stessa e dal genere di dati che questa lista contiene.

Implementazione

Ci sono vari modi per realizzare una lista. Il più semplice è senza dubbio quello dell'utilizzo di un vettore. Si può accedere ad ogni elemento in modo diretto, per mezzo dell'indice, e le operazioni principali di ricerca, inserimento, modifica, lettura, cancellazione, ecc. sono conosciute. Lo svantaggio più grosso dei vettori è quello che in molti linguaggi di programmazione hanno una dimensione fissa, definita durante la compilazione.

Anche se il concetto di puntatore e i comandi di allocazione di memoria contenuti nel linguaggio C ci permettono di realizzare vettori dinamici, prendiamo qui in considerazione un altro tipo di implementazione, quello delle liste concatenate. Si tratta di un meccanismo meno implicito, ma che servirà quando anche la struttura dei dati sarà più complessa e non sarà più possibile realizzarla con vettori.

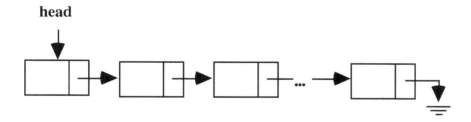

Il tipo di ogni elemento della lista deve comprendere un puntatore ad un elemento simile (struttura ricorsiva). È questo il meccanismo che permette la "concatenazione". Si accede alla lista attraverso un pointer che punta al primo elemento della lista. All'inizio il suo valore è zero.

```
struct listcell {
        elt value;
        struct listcell *next;
      };

typedef struct listcell Cell;

Cell *head = NULL;
```

Qui di seguito vediamo alcune possibili funzioni associate alla lista concatenata:

```
bool empty()
{
```

```
    return (head==NULL);
}

elt first()
{
    return head->value;
}

void insert(elt x)
{
    Cell *p, *new= (Cell *)malloc(sizeof(Cell));
    new->value = x;
    if (empty()) {
        new->next = NULL;
        head=new;
    } else {
        p = get_pos_before(x);
        if(p){
            new->next = p->next;
            p->next = new;
        } else {
            new->next = head;
            head = new;
        }
    }
}
```

```
void delete(elt x)
{
    Cell *p, *q = head;
    if (head) {
        do{
            p=q;
            q=q->next;
        }while(q && (q->value!=x));
        if (q) {
            p->next=q->next;
            free(q);
        }
    }
}
```

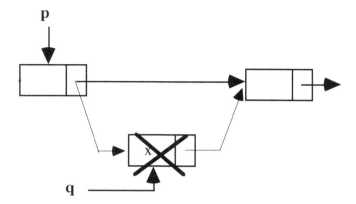

Osservazioni

- La funzione "get_pos_before" chiamata in "insert" restituisce un puntatore all'elemento che precede la posizione in cui il nuovo andrà inserito. Se si volesse aggiungere nuovi elementi solo alla fine della lista, basterebbe modificare la funzione in modo che restituisca un pointer all'ultimo elemento. Meglio ancora sarebbe, in quel caso, avere un puntatore fisso che punti sempre all'ultimo elemento.

- Nella funzione "delete" per cercare la posizione dell'elemento da cancellare si inizia dal primo elemento della lista (head). Se l'elemento non c'è, il ciclo se ne accorge solamente dopo aver controllato l'intera lista. Se questa fosse ordinata si potrebbe anche interrompere il ciclo prima.

- Questa implementazione presuppone che una lista vuota abbia la "head" a zero (NULL). Definendo una lista vuota come un puntatore ad un elemento vuoto, occuperemmo un po' di memoria in più, ma eviteremmo di sempre controllare il caso particolare in cui head vale zero.

- Un altro tipo di implementazione potrebbe prevedere una struttura particolare come testa. Ad esempio una struttura con un intero che registra la lunghezza della lista e due puntatori che puntano uno al primo elemento e uno all'ultimo.

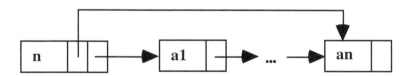

Liste ordinate

Nell'esempio visto non abbiamo definito se gli elementi nella lista sono registrati in modo ordinato.

Esiste spesso un ordine lineare sugli elementi di una lista. Questo ordine può essere definito utilizzando un campo dell'elemento come chiave. Se per esempio avessimo delle strutture da utilizzare per un elenco di indirizzi, la chiave di ricerca più probabile sarebbe il nome.

I vantaggi di una lista ordinata si vedono soprattutto quando si tratta di cercare un elemento. Una ricerca binaria è possibile se la lista è implementata con un vettore, ma non lo è con una lista concatenata perché non c'è accesso diretto agli elementi. Malgrado il valore asintotico dei costi rimanga O(n) come nelle liste non ordinate, la ricerca in una lista ordinata costa in media meno, visto che solo nel peggiore dei casi è necessario percorrerla tutta.

15.2. Liste a più direzioni

Spesso, partendo dalla struttura di una lista semplice, si applicano alcune modifiche per permettere un utilizzo più adatto al tipo di applicazione per cui vengono utilizzate. Vediamo altri due tipi di liste lineari.

Liste bidirezionali

Uno degli svantaggi della lista semplice implementata come lista concatenata, oltre al fatto che permette solo l'accesso sequenziale, è quello di essere unidirezionale.

È facile trovare la posizione seguente in una lista concatenata, ma ci vuole molto più tempo a trovare la posizione precedente. Questo pone alcune difficoltà. Non possiamo, ad esempio, cancellare una cella avendo solo un puntatore sulla cella stessa; per puntare alla cella precedente dobbiamo però partire dall'inizio della lista.

La soluzione più logica per questo tipo di problema è quella di usare un puntatore in più che si riferisca alla cella precedente. Naturalmente un'implementazione del genere utilizza più memoria.

head

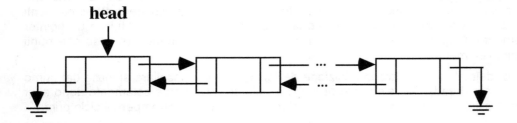

Le dichiarazioni sono simili a quelle per la lista semplice, utilizzando un puntatore in più:

```
struct listcell {
        elt value;
        struct listcell *next;
        struct listcell *prev;
        };

typedef struct listcell Cell;
Cell *head = NULL;
```

La struttura con doppio puntatore complica leggermente le varie operazioni sulla lista. L'inserimento di un nuovo elemento, ad esempio, deve tenere conto anche del puntatore che arriva da destra. Partendo dalla funzione di insert vista per le liste semplici, inseriamo le modifiche necessarie:

```
void insert(elt x)
{
    Cell *p, *new = (Cell *)malloc(sizeof(Cell));
    new->value = x;
    if (empty()) {
        new->next = NULL;
        new->prev = NULL;
        head = new;
    } else {
        p = get_pos_before(x);
        if (p) {
            new->next = p->next;
            new->prev = p;
            p->next->prev = new;
            p->next = new;
        } else {
            new->next = head;
            head->prev = new;
            new->prev = NULL;
            head = new;
        }
```

```
        }
    }
```

Braids

È possibile che in una lista sia necessario mantenere più di un ordine. Vuol dire che ogni elemento della lista contiene più chiavi indipendenti, ognuna delle quali serve ad un ordine diverso.

Un esempio potrebbe essere quello di una lista di libri in cui vogliamo che gli elementi siano ordinati, in modo indipendente, sia per titolo che per autore. In ogni cella avremo, oltre all'elemento, due puntatori, uno che punta all'elemento successivo in ordine di autore e l'altro a quello successivo in ordine di titolo.

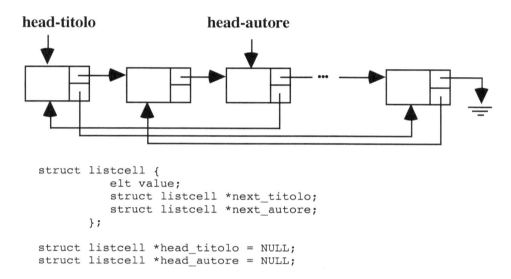

```
struct listcell {
        elt value;
        struct listcell *next_titolo;
        struct listcell *next_autore;
};

struct listcell *head_titolo = NULL;
struct listcell *head_autore = NULL;
```

15.3. Alberi e alberi binari

La struttura lineare delle liste è importante perché ci sono molte situazioni in cui l'informazione ha un ordine lineare. Non è però sempre il caso.

Ci sono situazioni in cui una struttura gerarchica permette di descrivere meglio la realtà. Una struttura dati gerarchica viene chiamata "albero" e si ha quando un elemento può avere al massimo un predecessore ma molti successori.

In un albero gli elementi vengono chiamati *nodi*. Il predecessore di un nodo è detto il *genitore* o il *padre* del nodo, mentre i successori sono i *figli*. I nodi terminali (elementi che non hanno figli) vengono detti *foglie*, mentre il primo elemento (quello che non ha padre) viene chiamato *radice*.

L'altezza (profondità) di un albero è data dalla lunghezza del percorso dalla radice alla foglia più lontana.

Un albero di ordine k è un albero in cui ogni nodo ha al massimo k figli.

Vediamo ora come si può stabilire quanti nodi può avere un albero di ordine *k* e altezza *h*.

All'altezza 0 c'è solo la radice che può avere al massimo k figli all'altezza 1. Ognuno di questi figli potrebbe avere k figli all'altezza 2 per un massimo di k^2 figli possibili e così di seguito, fino all'altezza h in cui si potranno avere al massimo k^h nodi.

Questo significa che il numero massimo possibile di nodi in un albero di altezza h è:

$$n \leq 1 + k + k^2 + \ldots + k^h = \frac{k^{h+1} - 1}{k - 1} \leq k^{h+1} - 1 < k^{h+1}$$

e siccome il numero minimo di nodi ad ogni livello di profondità da 0 a h è 1, otteniamo che:

$$h+1 \leq n < k^{h+1}$$

Alberi binari

Un caso particolare di albero è quello dell'albero binario.

In un albero binario ogni nodo può avere al massimo due figli. Si usano relativamente spesso perché ci sono problemi che vengono descritti in modo adeguato con gli alberi binari. Inoltre sono più semplici da implementare che gli alberi di ordine k>2 permettendo comunque la rappresentazione di qualsiasi albero di ordine k.

Prima di entrare nei dettagli dell'implementazione vediamo di dimostrare graficamente l'ultima affermazione.

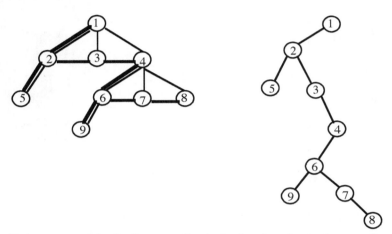

Dato un qualsiasi albero ordinato lo trasformiamo in un albero binario mantenendo gli stessi nodi e utilizzando le seguenti corrispondenze: il figlio più a sinistra di un nodo in un albero di ordine k diventa il figlio sinistro, mentre il primo fratello a destra di ogni nodo diventa il suo figlio destro nella rappresentazione binaria. Trasformiamo cioè le due relazioni *figlio più a sinistra* e *fratello di destra* in *figlio a sinistra* e *figlio a destra*.

Implementazione

L'implementazione della lista facendo uso dei puntatori sembrava complicata perché, avendo la possibilità di utilizzare array, era la meno ovvia. Ora però, l'esperienza acquisita con le liste ci aiuta nella realizzazione degli alberi.

La prima cosa da fare è definire la struttura di un nodo.

```
struct node {
        elt value;
        struct node *left, *right;
    };

typedef struct node Node;
Node *root = NULL;
```

Ogni nodo contiene due puntatori: uno punta al figlio di sinistra, l'altro al figlio di destra. I dati veri e propri sono registrati nell'elemento di tipo "elt".

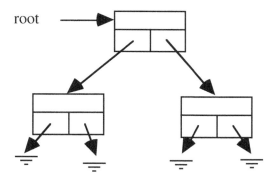

Attraversamento

Essendo l'albero una struttura ricorsiva, il modo più semplice e diretto per "visitare" tutti i suoi nodi è quello di utilizzare una funzione ricorsiva.

Nell'attraversamento dell'albero distinguiamo tre casi, che ci permettono di leggerne il contenuto in tre ordini diversi: preorder, inorder e postorder.

```
void traverse(Node *ptr)
{
   if (ptr) {
      stampa_dati(ptr->value);    /* preorder */
      traverse(ptr->left);
      stampa_dati(ptr->value);    /* inorder */
      traverse(ptr->right);
      stampa_dati(ptr->value);    /* postorder */
   }
}
```

Ovviamente la funzione "traverse" va utilizzata con una sola chiamata "stampa_dati", a dipendenza di come si vuole leggere i dati contenuti.

Supponiamo di avere ad esempio un albero binario contenente un'espressione aritmetica:

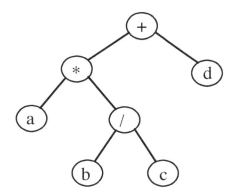

Le diverse sequenze saranno:

    Preorder: + * a / b c d

    Inorder: a * b / c + d

    Postorder: a b c / * d +

Copia di un albero

Da notare che questa funzione è una versione leggermente modificata dell'attraversamento postorder.

```
Node *copy(Node *originale)
{
    Node *temp;
    if (originale) {
        temp = (Node *)malloc(sizeof (Node));
        temp->left = copy(originale->left);
        temp->right = copy(originale->right);
        temp->value = originale->value;

        return temp;
    }

    return NULL;
}
```

15.4. Alberi binari ordinati

Nel capitolo in cui si trattava la ricerca di un elemento in una lista abbiamo visto che se la lista è ordinata (secondo un certo campo chiave) la ricerca può essere eseguita in tempo O(log n), ammesso che, come nei vettori, ci sia un accesso diretto agli elementi. Quando dobbiamo inserire un nuovo elemento abbiamo perciò il vantaggio di trovare subito il punto in cui va inserito, ma lo svantaggio che, in un vettore, l'inserimento costa comunque un tempo lineare.

In una lista concatenata il processo di inserimento vero e proprio ha un tempo costante, ma non è possibile effettuare una ricerca in O(log n) perché non c'è accesso diretto ai singoli elementi.

Gli alberi con dati ordinati costituiscono la soluzione.

Alberi di ricerca binari

Un albero di ricerca binario ha le seguenti proprietà:

- Ogni elemento ha una chiave.
- Le chiavi del sottoalbero a sinistra sono tutte minori della chiave della radice.
- Le chiavi del sottoalbero a destra sono tutte maggiori della chiave della radice.
- Anche i sottoalberi sono alberi di ricerca binaria.

Siccome un albero di ricerca binario è una forma speciale di albero binario, le dichiarazioni all'interno di un programma non differiscono da quelle viste in precedenza. Anche le operazioni viste per gli alberi binari generici possono venir applicate agli alberi binari di ricerca. Possiamo quindi utilizzare gli attraversamenti visti prima senza modifiche. Inoltre aggiungiamo le operazioni di inserimento, cancellazione e ricerca di un elemento.

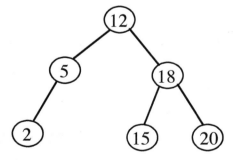

L'albero di ricerca binaria può sembrare ad una heap. In realtà, malgrado le heap si adattino molto bene alle applicazioni che richiedono le code con priorità, non sono indicate nei casi in cui occorre cancellare o cercare elementi arbitrari. Richiedono infatti un tempo O(n), che non è migliore del tempo richiesto per le stesse operazioni in una lista non ordinata.

Ricerca

Data la definizione ricorsiva di albero binario di ricerca, è semplice definire una funzione di ricerca di un elemento:

```
Node *ricerca(Node *radice, elt elemento)
{
    if (!radice) {
        return NULL;
    }

    if (elemento < radice->value) {
        return ricerca(radice->left, elemento);
    } else if (elemento > radice->value) {
        return ricerca(radice->right, elemento);
    } else {
        return radice;
    }
}
```

La versione di ricerca non ricorsiva è invece la seguente:

```
Node *ricerca_iter(Node *tree, elt elemento)
{
    while(tree) {
        if (elemento < tree->value) {
            tree = tree->left;
        } else if (elemento > tree->value) {
            tree = tree->right;
        } else {
            return tree;
        }
    }

    return NULL;
}
```

Inserimento

Per inserire un nuovo elemento bisogna prima trovare il punto di inserimento, poi si aggiunge il nuovo elemento all'albero.

```
Node *insert(int elemento, Node *radice)
{
    if (radice == NULL) {
        radice = (Node *)malloc(sizeof(Node));
        radice->value = elemento;
        radice->left = radice->right = NULL;
        return radice;
    } else if (elemento < radice->value) {
        radice->left= insert(elemento,radice->left);
        return radice;
    } else if (elemento > radice->value) {
        radice->right= insert(elemento,radice->right);
        return radice;
    } else {
        return NULL;
    }
}
```

Nell'esempio appena visto l'indirizzo del puntatore viene dato come risultato di return della funzione. Un altro metodo è quello di richiamare la funzione con l'indirizzo del puntatore, in modo che il parametro venga modificato direttamente.

Il doppio puntatore serve a garantire la possibilità di modificare il contenuto, a sua volta un puntatore.

```
void insert(int elemento, Node **radice)
{
   if (*radice == NULL) {
      *radice = (Node *)malloc(sizeof(Node));
      (*radice)->value = elemento;
      (*radice)->left = (*radice)->right = NULL;
   } else if (elemento < (*radice)->value) {
      insert(elemento,&((*radice)->left));
   } else if (elemento > (*radice)->value) {
      insert(elemento,&((*radice)->right));
   }
}
```

Cancellazione

La cancellazione di un nodo terminale è semplice. Si mette a NULL il valore del puntatore del padre e poi si elimina il nodo (liberando la memoria) con l'operazione *free()*.

Nell'esempio che segue cancelliamo il nodo terminale 20.

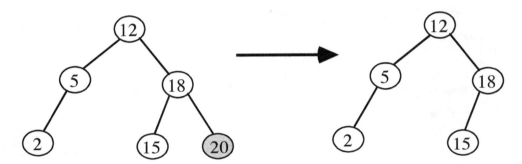

La cancellazione di un nodo non terminale che abbia un solo figlio è anche abbastanza semplice. Cancelliamo il nodo e poniamo l'unico figlio al suo posto.

Nell'esempio che segue cancelliamo il nodo 18.

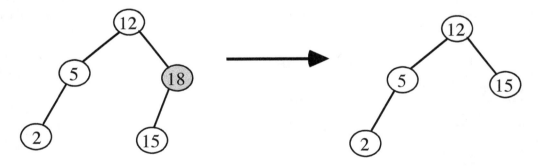

La cancellazione di un nodo non terminale con due figli è un po' più complessa. Dobbiamo sostituire il nodo da cancellare con l'elemento più grande del suo sottoalbero sinistro, oppure con l'elemento più piccolo del suo sottoalbero destro. In seguito dobbiamo cancellare questo elemento dal sottoalbero dal quale è stato prelevato.

Supponiamo ad esempio di voler cancellare il nodo 60 dall'albero nella figura che segue. Possiamo sostituire 60 sia con l'elemento più grande del sottoalbero sinistro (55) che con quello più piccolo del sottoalbero destro (70).

Se decidiamo per il primo caso, copiamo 55 nel nodo contenente 60. Ora dobbiamo però cancellare il vecchio nodo contenente 55 dal sottoalbero sinistro. Quest'operazione diventa però una cancellazione di un nodo con un solo figlio, già vista sopra.

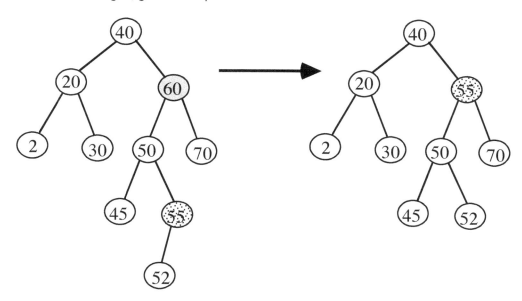

Altezza di un albero di ricerca binario

L'altezza di un albero di ricerca binario con n elementi può diventare n se, ad esempio, l'inserimento in un albero inizialmente vuoto viene fatto in modo ordinato (1,2,3,4,...). Quando invece gli inserimenti e le cancellazioni sono svolti casualmente, l'altezza di un albero di ricerca binario è, in media, pari a $O(\log_2 n)$.

Gli alberi binari che hanno, nel caso peggiore, un'altezza di $O(\log_2 n)$ sono chiamati alberi di ricerca bilanciati, questi consentono di svolgere ricerche, inserimenti e cancellazioni in un tempo $O(h)$.

15.5. Tries

Gli alberi trattati fin'ora avevano la caratteristica di avere le informazioni registrate nei nodi. Un'altra possibilità data dagli alberi è però quella di poterne decifrare il contenuto non solo con l'informazione contenuta nei nodi, ma anche con la posizione dei nodi all'interno della struttura gerarchica. Un albero che sfrutta questa caratteristica è detto "trie" (deriva da tree combinato con re**trie**val, recupero).

Un esempio semplice per mostrare questo concetto è dato dall'albero utilizzato per rappresentare l'alfabeto Morse. Per usare l'albero come decodificatore, lo si costruisce in modo tale che ogni relazione "figlio sinistro" rappresenti un punto e ogni relazione "figlio destro" rappresenti una linea.

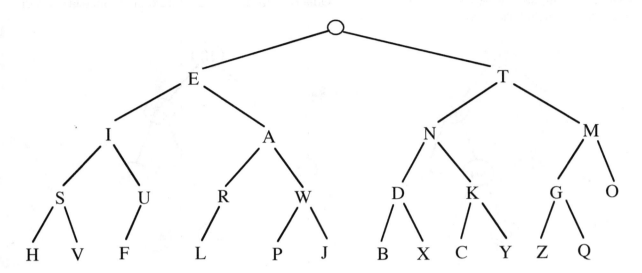

Uno dei grossi vantaggi del codice Morse è quello di aver associato alle lettere più frequenti (nella lingua inglese) dei codici brevi. Questo permette di migliorare il tempo di trasmissione dei dati. È interessante vedere come le tecniche usate nella treoria dell'informazione per minimizzare i dati da trasferire siano in seguito state utilizzate per risparmiare memoria durante la loro registrazione. Oggi, con la grande quantità di memoria a disposizione e i sistemi sempre più distribuiti, l'utilità maggiore torna ancora ad essere quella del trasferimento.

Il primo argomento che tratteremo in questo sottocapitolo sarà la produzione di codici che abbiano lunghezza minima, mentre il secondo si concentrerà maggiormente sulla struttura dei trie.

Scelta dei codici minimi

Di solito è raro doversi preoccupare del dettaglio di come i caratteri vengono rappresentati nella memoria. Sappiamo che sono rappresentati come numeri secondo schemi di codifica prestabiliti.

Se prendiamo come esempio il codice ASCII, notiamo che i codici per i caratteri sono di lunghezza fissa (numero di bit uguale per ogni carattere), un byte è sufficiente per memorizzare il codice di un carattere (256 possibilità), anzi, come vedremo, è più di quanto abbiamo bisogno.

Consideriamo di dover trovare un codice per un alfabeto a cinque lettere: a, b, c, d, e. Tre bit ci danno otto possibili sequenze di codice, così possiamo rappresentare queste cinque lettere con un codice a lunghezza fissa.

Lettera	Codice
a	000
b	001
c	010
d	011
e	100

In questo caso la lunghezza media del codice è 3. Supponiamo però di conoscere le frequenze di utilizzo di ogni elemento del nostro alfabeto. Sappiamo ad esempio che in un messaggio tipico la lettera 'a' sia contenuta il 35% delle volte, la 'b' il 20%, la 'c' il 20%, la 'd' il 15% e la 'e' il 10%. Sapendo questo possiamo decidere di utilizzare un codice di lunghezza variabile, come il codice Morse, per rappresentare le lettere più comuni con codici più brevi.

Lettera	Frequenza	Codice
a	0.35	0

b	0.20	1
c	0.20	00
d	0.15	01
e	0.10	10

Possiamo determinare la lunghezza media del codice sommando, per tutte le lettere la lunghezza del codice moltiplicata con la probabilità che la lettera ha di comparire.

Lunghezza media $= 1*(0.35) + 1*(0.2) + 2*(0.2) + 2*(0.15) + 2*(0.1)$
$= 1.35$

Questo ci indica che in teoria un messaggio di 100 lettere dovrebbe richiedere 135 bit invece dei 300 necessari con la codifica precedente. Ma questo è vero solamente in teoria, infatti in pratica non funziona.

Come possiamo interpretare, ad esempio, il messaggio 0010? Visto che il codice delle lettere non ha una lunghezza predefinita, il messaggio 0010 può essere interpretato in vari modi: "aaba", "cba", "aae", ecc.

È perciò indispensabile trovare un modo per determinare dove termina il codice (l'alfabeto Morse usa lo spazio, ma si tratta di un terzo simbolo che noi, comunicando con bit, non abbiamo a disposizione).

Una possibilità potrebbe essere quella di suddividere ogni elemento con "11", oppure di far iniziare ogni codice con "11", ottenendo così un nuovo codice.

Lettera	Frequenza	Codice
a	0.35	110
b	0.20	111
c	0.20	1100
d	0.15	1101
e	0.10	1110

Questo peggiora però la lunghezza media di un messaggio a tal punto (3.35) che il primo codice proposto sarebbe stato meglio.

Una proprietà più interessante da sfruttare è invece quella del prefisso unico, cioè che nessuna sequenza di codice possa essere il prefisso di un'altra.

Se per esempio una sequenza fosse "110", nessun'altra potrebbe iniziare con "110" e non potremmo avere "1" o "11" come altre sequenze di codice.

La tabella che segue mostra un esempio di codice con la proprietà del prefisso per le nostre cinque lettere.

Lettera	Frequenza	Codice
a	0.35	00
b	0.20	10
c	0.20	010
d	0.15	011
e	0.10	111

Questo ha una lunghezza media di 2.45, che è migliore del codice a lunghezza fissa visto all'inizio ed ha il vantaggio che c'è un'unica interpretazione per ogni sequenza di codice.

L'algoritmo di Huffman permette di produrre codici simili, cioè codici a prefisso di lunghezza minima. Vediamolo nell'illustrazione per l'alfabeto di cinque lettere.

Ogni lettera considerata ha una sua frequenza:

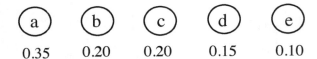

Consideriamo ognuno di questi elementi un albero di un solo elemento. L'operazione da eseguire per ottenere un singolo albero è quella di fondere 2 alberi con frequenza minore, ponendoli come figli di un nuovo albero con frequenza uguale alla somma delle frequenze dei due sottoalberi.

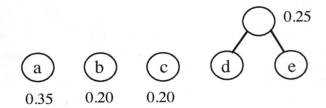

Si ripete questa operazione fino ad ottenere un unico albero.

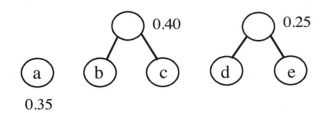

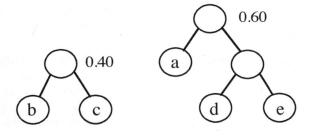

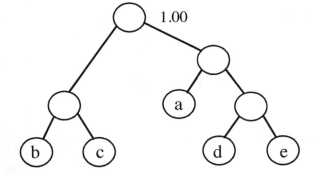

Una volta ottenuto l'albero finale, è semplice determinare il codice per ogni singola lettera. Ponendo 0 la relazione "figlio sinistro" e 1 la relazione "figlio destro" si può leggere il codice per ogni elemento dell'albero, ottenendo la seguente tabella:

Lettera	Frequenza	Codice
a	0.35	10
b	0.20	00
c	0.20	01
d	0.15	110
e	0.10	111

Il codice generato dal metodo di Huffman ha una lunghezza media di 2.25.

Letter tree

L'idea di rappresentare le informazioni in modo implicito sfruttando la loro posizione all'interno di un albero può essere sfruttata per rappresentare un dizionario di stringhe contenente parole.

Una tale struttura è un albero in cui ogni nodo rappresenta il prefisso di una parola e ha per figli dei nodi rappresentanti stringhe, il cui prefisso è il genitore stesso.

Poiché nei linguaggi naturali c'è una grande sovrapposizione di prefissi, questo schema di memorizzazione può essere molto efficiente in termini di spazio.

Uno dei vantaggi che si ottiene utilizzando un trie per la registrazione di parole è che permette di realizzare facilmente la ricerca con prefisso: è in grado di trovare facilmente, ad esempio, tutte le parole che iniziano con "bo".

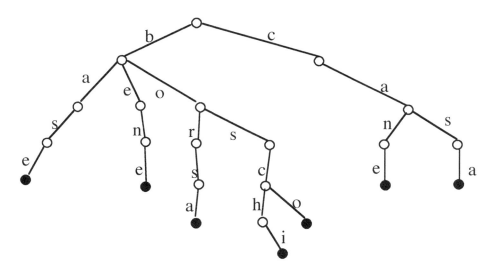

È possibile fornire un attraversamento dell'albero, anche se non si tratta di un albero binario. Infatti potremmo avere fino a 26 figli (anche di più, a seconda dell'alfabeto). Questo però non sempre si verifica (quanti figli può avere, in italiano, la lettera "h"?).

L'implementazione più ovvia per un trie di questo tipo è quella con i puntatori.

Per la realizzazione di un singolo nodo possiamo però distinguere due casi: nel primo ogni nodo contiene un vettore di 26 puntatori per tutti i suoi possibili figli, nel secondo, invece, contiene un solo puntatore a una lista dinamica di tutti i suoi possibili figli.

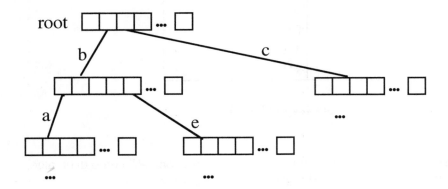

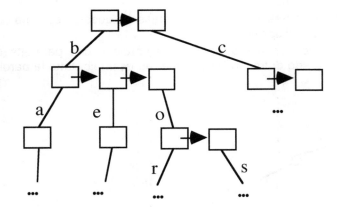

Sia l'inserimento di una parola che il controllo dell'esistenza richiedono un tempo proporzionale alla lunghezza della parola, indipendente dalla dimensione dell'albero.

Se invece avessimo deciso di implementare il dizionario con un albero di ricerca binario il tempo sarebbe stato proporzionale al logaritmo della dimensione dell'albero. Questa considerazione può essere molto importante se stiamo utilizzando il vocabolario per il controllo ortografico di un elaboratore testi.

15.6. Tabelle Hash

Molte applicazioni richiedono strutture di dati su cui si possano eseguire le operazioni di inserimento, cancellazione e ricerca.

Ad esempio, il compilatore di un linguaggio di programmazione deve gestire una tabella di simboli, nella quale le chiavi degli elementi sono stringhe arbitrarie che nel programma corrispondono a degli identificatori.

Una *hash table* è la struttura dati più usata per implementare "dizionari" di simboli.

Anche se la ricerca di un elemento in una tabella hash può richiedere, nel peggiore dei casi, un costo pari a O(n), in pratica, partendo da buoni presupposti, ci si dovrebbe attendere un tempo di O(1) per la maggior parte dei casi.

Una tabella hash non è altro che la generalizzazione della semplice nozione di array. La possibilità dell'accesso diretto combinata con quella dell'indirizzamento diretto offerta dall'array (array con un posto per ogni possibile chiave) rende possibile esaminare un elemento in tempo O(1).

Quando il numero di chiavi registrate è piccolo rispetto al numero di possibili chiavi oppure quando le chiavi non sono espresse con valori interi, le tabelle hash diventano una valida alternativa. Invece di usare la chiave come indice dell'array, l'indice viene calcolato partendo dal valore della chiave.

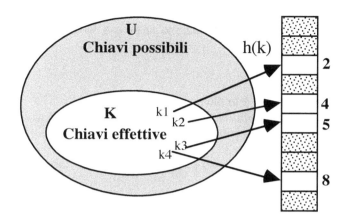

Funzione di hash

Supponiamo di voler registrare i nomi dei dipendenti di una ditta con il loro stipendio. L'accesso alla tabella dev'essere fatto mediante il nome, quindi il nome viene anche utilizzato come chiave della tabella.

Un metodo è quello di registrare i dati in ordine alfabetico rispetto al nome. Questo ci permetterebbe una ricerca binaria veloce di costo $O(\log n)$, ma avrebbe un inserimento di $O(n)$.

Ciò che invece vorremmo sarebbe una funzione *h*, che applicata a un qualsiasi nome restituisca l'indice della locazione del record di quella persona nel vettore.

Un modo potrebbe essere quello di indicizzare tutti i nomi possibili ("A", "B",..., "Z", "Aa", "Ab",..., "Zuz", ecc.), ma questo non sarebbe certo uno schema pratico perché troppi indici verrebbero sprecati per nomi o che non esistono o comunque che non appartengono a nessun dipendente della ditta.

Un'idea migliore sarebbe quella di far sì che *h* prenda un nome in input, sommi i valori ASCII dei caratteri del nome e restituisca la somma *modulo n*, dove n è la dimensione del vettore. Supponiamo ad esempio di avere una tabella con 50 posizioni. Potremmo prendere il nome "Rossi", fare la somma dei valori dei caratteri ('R'->82, 'o'->111, 's'->115, 'i'->105) ottenendo 528 mod 50 -> 28. Così il record per "Rossi" risiederebbe nella locazione 28 del vettore.

La funzione che trasforma le chiavi in indici del vettore è chiamata *funzione di hash*.

Collisioni

Le tabelle hash servono a ridurre lo spazio da utilizzare da spazio possibile a spazio reale. La funzione di hash trasforma una chiave effettiva in un indice dello spazio reale. Il problema con le funzioni di hash è però che possono portare a delle collisioni, quando molte chiavi indicano la stessa posizione.

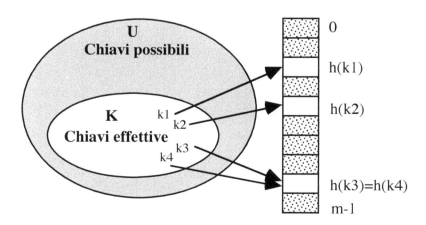

La soluzione ideale sarebbe ovviamente quella di trovare una funzione hash in grado di evitare collisioni. Questo è possibile per determinati insiemi, ma visto che la lunghezza m del vettore utilizzato per la tabella è minore del numero di chiavi possibili (m<|U|), è impossibile assicurare l'assenza di collisioni, che devono comunque essere minimizzate.

Ci sono fondamentalmente due tecniche per risolvere i conflitti: la risoluzione lineare e la risoluzione a catena.

Hash chiuso

La tecnica di hash chiuso è una tecnica di risoluzione lineare ed è la più semplice.

Se *h(k)*, per qualsiasi chiave k, indica una posizione già occupata, ispeziona la posizione successiva nel vettore. Se la posizione è piena prova quella seguente e così via, fino a quando trova una posizione libera oppure trova che il vettore è pieno.

Come esempio proviamo ad inserire degli elementi con chiave un intero (16, 14, 9, 17) in una tabella con indici da 0 a 6. La funzione di hash è semplicemente: h(k) = k mod 7.

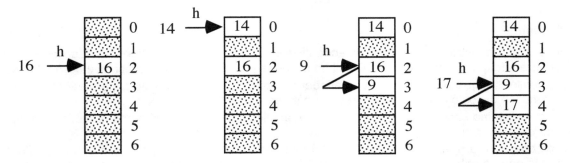

Uno dei problemi associati con la hash chiusa è il raggruppamento primario, cioè i raggruppamenti che si formano quando diversi elementi la cui chiave porta allo stesso valore, sono inseriti nella tabella.

Come conseguenza del raggruppamento primario possiamo ulteriormente sperimentare il raggruppamento secondario, causato da una inserzione di chiavi che non avrebbero causato un raggruppamento primario, ma che vanno a finire in posizioni già nel gruppo (occupate a causa di risoluzioni di collisioni negli inserimenti precedenti). Il raggruppamento secondario nasce dalla fusione dei raggruppamenti primari.

Hash aperto

Con la strategia della hash aperta se una chiave va a finire con hash in una collocazione occupata, la porremo semplicemente assieme ai valori già presenti.

Questa tecnica si attua di solito usando una lista per ogni collocazione e vi si accede tramite puntatori nella lista di hash.

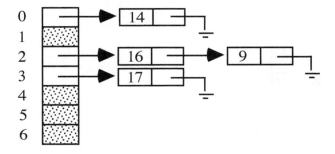

Applicazione: spelling checker probabilistico

Supponiamo di dover affrontare il compito di progettare un controllo ortografico, da usare in un elaboratore testi. Il controllo ortografico deve prendere una parola appena battuta e verificare cha la parola sia contenuta nel suo dizionario. Un modo per realizzarla è quello di utilizzare una lista di parole, un altro, che occupa meno memoria e offre una ricerca più veloce, è quello di utilizzare i *trie* visti nel capitolo precedente.

Consideriamo invece un'ulteriore alternativa.

- Scegliamo m diverse funzioni di hash: h_1, h_2,..., h_m ognuna delle quali converte una stringa in un indice di un vettore di bit.

- Inizializziamo tutti i bit del vettore a zero.

- Per ogni parola che vogliamo includere poniamo a 1 tutti i bit del vettore il cui indice equivale al risultato delle funzioni di hash:

```
w = parola
V = vettore di bit inizializzato a zero
V[h_i(w)] = 1, per i=1,2,...m
```

Come esempio consideriamo di avere un vocabolario di 3 parole: "cane", "gatto", "pesce".

Usiamo un vettore di bit con 32 elementi e codifichiamo le parole in con tre funzioni di hash nel seguente modo:

- Sommiamo i codici ASCII di ogni lettera della parola ed eleviamo il risultato al quadrato.

- Eseguiamo un'operazione di "modulo": *mod* 37 per h_1, *mod* 41 per h_2 e *mod* 53 per h_3.

- Infine eseguiamo sui tre valori risultanti un'ultima operazione di modulo (mod 32) che eviti ai valori di oltrepassare la lunghezza del vettore.

- Per ogni parola otteniamo 3 valori:

```
"cane" = 3+1+12+5 = 21 -> 441 -> (34,31,17)-> (2,31,17)
"gatto"= 8+1+20+20+15 = 64 -> 4096 -> (26,37,15)-> (26,5,15)
"pesce"= 16+5+19+3+5 = 48 -> 2304 -> (10,8,25)->(10,8,25)
```

- Dopo questa operazione poniamo i bit 2, 5, 8, 10, 15, 17, 25, 26 e 31 del vettore V a 1, che risulta quindi avere il seguente contenuto:

```
00100100101000010100000001100001
```

Questo vettore può essere registrato in 4 byte, mentre le parole registrate come stringhe di caratteri richiederebbero almeno 14 byte.

Per fare un controllo di appartenenza di una parola *w* nel vocabolario, applichiamo alla parola le funzioni di hash e controlliamo i bit indicati nel vettore V.

Supponiamo che la parola da controllare sia "oca":

- Calcoliamo i tre valori di hash per la nuova parola e li confrontiamo in V:

```
"oca"  = 15+3+1 = 19 -> 361 -> (34,31,17)-> (2,31,17)
```

- Controlliamo ora la corrispondenza in V dei valori trovati. Se anche solo uno dei bit è a zero significa che la parola non fa parte del nostro vocabolario.

È facile intuire che le risposte del nostro sistema di controllo ortografico saranno sempre attendibili in caso di risposta negativa, mentre lo saranno meno in caso di risposta affermativa, perché la combinazione trovata potrebbe essere stata occupata con combinazioni di altre parole. È questo il motivo per cui è stato chiamato *controllo probabilistico*.

Affidabilità

Il problema è quindi quello di stabilire quanto è affidabile il nostro controllo probabilistico.

Se supponiamo che gli 1 siano distribuiti casualmente nel vettore di bit, la probabilità di accettare la parola incidentalmente è uguale alla probabilità di scegliere 3 numeri a caso in una serie da 0 a 31 e trovare 1 in ogni posizione.

La probabilità *p* che una locazione scelta casualmente contenga 1 è uguale al numero *n* di 1 presenti in V diviso la dimensione di V, in questo caso 32.

```
p = n/32
```

Nel nostro esempio V contiene 9 elementi di valore 1, perciò la probabilità di trovare un 1 è di 9/32 = 0.281 e la probabilità di trovarne tre è:

```
p = (9/32)³ = 0.022
```

Questo significa che circa una parola su 45 sbagliata viene riconosciuta come giusta.
In questo esempio paghiamo una riduzione della memoria del 70% con una probabilità del 2% che il dizionario non identifichi un errore ortografico.

Tolleranza

Possiamo modificare la probabilità di errore a qualsiasi valore positivo cambiando il numero delle funzioni di hash o la dimensione del vettore di bit.
Il problema è perciò quello di definire il livello di tolleranza dell'errore.

Supponiamo di avere 40'000 forme da memorizzare volendo ottenere un livello di errore di 0.001, cioè che una parola sbagliata su 1000 non venga riconosciuta come tale.
Con 7 funzioni di hash e una media di 7 byte per parola:

$$\left(\frac{7 * 40'000}{V} \right)^7 = 0.001 \quad => \quad V = \frac{280'000}{\sqrt[7]{0.001}} = 751'000$$

L'unità di misura corrisponde al tipo del vettore, cioè bit.
La quantità di byte necessaria (< 100'000) per memorizzare il vettore di bit è quindi circa un terzo di quella richiesta per memorizzare tutte le parole (calcolando una media di 7 byte per parola).

Caratteristiche

- *Velocità*

  Questo algoritmo è molto veloce. Anche se ci sono 7 o più funzioni di hash da eseguire per ogni parola, la velocità è comunque tale da terminare il controllo prima che un dattilografo ne abbia scritta un'altra.

- *Facilità di estensione*

  La raccolta dei dati è molto semplice da estendere e questa è una caratteristica molto importante per un programma di controllo ortografico. Inoltre l'aggiunta di nuove parole è molto efficiente: non richiede più del tempo necessario al controllo di appartenenza.

- *Dimensione*

  Abbiamo visto che la dimensione viene ridotta di un fattore molto grande, anche se è tutto da dimostrare che questo sia il metodo che richiede meno memoria.

- *Parole nascoste*

  Una volta codificate nel vettore, le parole non possono più essere ricostruite.

- *Parole proposte*

  Uno svantaggio di questo sistema è che, in caso di errore, non è in grado, da solo, di proporre varianti esistenti basate sulla parola sbagliata. L'unico modo per realizzare qualcosa di simile è quello di generare nuove varianti senza basarsi sul contenuto del vettore e poi, prima di proporle, controllare se effettivamente esistono.

16. Processi in Unix

La differenza tra programma e processo è abbastanza sottile.

Un programma è considerato un file che risiede in un disco, creato da altri programmi, ad esempio dal compilatore C.

Un processo può essere visto come la parte attiva di un programma, cioè la copia in memoria di un programma, che esegue delle operazioni. È quindi un programma in esecuzione.

In effetti un processo corrisponde a tutto l'ambiente di un programma in esecuzione, quindi anche a tutte le variabili, tutti i file aperti, la directory attuale, informazioni a proposito dell'utente, del terminale e il proprio codice.

16.1. Comandi principali

Nel sistema operativo Unix i processi sono delle entità dinamiche, visto che vengono e vanno mentre il programma è in esecuzione. Ci sono alcuni comandi di sistema che permettono di gestire processi.

Fork

Il comando *fork* serve a creare un nuovo processo. Se pensiamo ad un processo come ad una copia di un programma che si trova in esecuzione, allora possiamo immaginare la funzione fork come ad un'operazione che crea un duplicato del processo in un'altra area di memoria. Questo è il nuovo processo.

Il processo che chiama fork è detto il processo *padre*, mentre il nuovo processo creato è detto *figlio*.

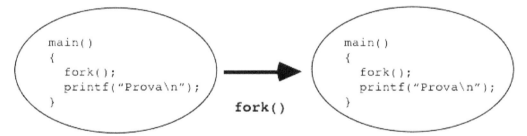

Il processo figlio eredita l'ambiente del processo padre, compresi i file aperti, informazioni sull'utente, ecc.

Non solo, ma il processo figlio memorizza anche il punto esatto (istruzione) nel programma in cui è stato creato. Perciò il processo non incomincia la sua esecuzione all'inizio del programma, ma allo stesso punto in cui si trova il processo padre, cioè con l'istruzione *fork* (che nel caso del figlio ritorna 0 e non crea nessun nuovo processo).

Perciò, dopo la chiamata di fork, si continua con due processi che eseguono lo stesso codice.

Nell'esempio mostrato sopra, il programma chiama *fork* prima dell'istruzione *printf*, perciò la linea verrà visualizzata due volte sul terminale, una per ogni processo.

```
int main()
{
    fork();
    printf("Prova\n");
    return 0;
}
```

```
$a.out
Prova
Prova
```

È possibile determinare quale dei due processi è il padre e quale è il figlio. Infatti l'operazione *fork* restituisce un valore diverso per ogni processo (perciò il processo nuovo non è una copia esatta del padre).

Nel padre l'operazione restituisce l'identificatore del figlio (un intero tra 1 e 30'000), mentre nel figlio l'identificatore restituisce zero. Così il programma visto sopra può essere modificato in modo tale da produrre un output diverso tra padre e figlio.

```
int main()
{
    if (fork()==0) {
        printf("Figlio\n");
    } else {
        printf("Padre\n");
    }

    return 0;
}

$a.out

    Padre
    Figlio
```

Da notare che non c'è nessuna garanzia che l'output del padre venga visualizzato prima di quello del figlio. Non è definito quale processo venga attivato per primo dopo l'operazione di fork.

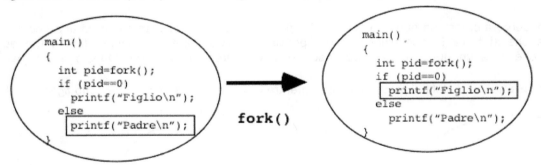

Se fork non è in grado di creare nessun processo ritorna il valore -1. Ci sono due motivi che possono aver causato una tale risposta:

- L'utente ha già raggiunto il numero massimo di processi consentiti dal sistema ad un singolo utilizzatore e non può crearne uno nuovo.

- Il numero di processi nel sistema ha raggiunto il suo massimo. Nessun utente ha perciò il permesso di creare un nuovo utente.

Wait

Un metodo per controllare l'esecuzione di un processo figlio è quello di utilizzare la funzione *wait* nel processo padre. Questa obbliga il padre a sospendere l'esecuzione fino a quando il figlio termina la sua. Se il processo figlio ha terminato la sua esecuzione prima della chiamata di *wait* da parte del padre, la chiamata ritorna immediatamente il numero di processo del figlio. Da notare che comunque un processo padre può generare più di un figlio, semplicemente chiamando la funzione fork più volte.

Nel programma che segue l'istruzione wait serve semplicemente a garantire la precedenza dell'output del figlio rispetto al padre.

```
int main()
```

```
{
  switch(fork()) {
  case 0:
    printf("Figlio\n");
    break;
  case -1:
    printf("Operazione fork non riuscita\n");
    break;
  default:
    wait(NULL);
    printf("Padre\n");
    break;
  }

  return 0;
}


$a.out

  Figlio
  Padre
```

La funzione wait ha come parametro un puntatore a intero, nella cui locazione verrà poi inserito lo stato di *exit* del figlio. Se però passiamo un puntatore nullo, come nel caso precedente, lo stato non viene registrato.

Anche *wait*, in caso di errore, restituisce il valore -1.

Exit

Questa funzione serve a terminare un processo. Può essere chiamata con un parametro tra zero e 255, che corrisponde al valore registrato nel puntatore passato da wait.

Per convenzione, quando un processo termina con uno stato a zero significa che non ha incontrato problemi.

Nel programma che segue il padre attende che il figlio termini, poi stampa lo stato di exit del figlio. Da notare che lo stato (0..255) viene copiato nei bit più significativi, perciò è necessario eseguire uno shift a destra prima di visualizzarli.

```
int main()
{
  unsigned int status;

  switch(fork()) {
  case 0:
    scanf("%d", &status);
    exit(status);
  case -1:
    printf("Operazione fork non riuscita\n");
    break;
  default:
    wait(&status);
    printf("Stato del figlio: %d\n", status >>8);  /* >> 24 */
    break;
  }

  return 0;
}

$a.out
0
Stato del figlio: 0
$
15
Stato del figlio: 15
$
```

In realtà *exit* non è una routine di sistema, ma di libreria (<stdlib.h>) e chiama la routine di sistema *-exit*. La exit, però, prima di chiamare la routine di sistema, si preoccupa di svuotare tutti i buffer di I/O.

Stategie per la creazione di un processo

Il processo generato da *fork* è quasi uguale, ma non completamente identico, al processo che l'ha creato. Il due processi si distinguono nei seguenti aspetti:

- Il numero di identificazione del processo. Sono due processi differenti, perciò hanno due identificazioni diverse.

- Il valore restituito dalla chiamata *fork()*. Nel processo padre il valore ottenuto corrisponde al numero di identificazione del processo figlio, mentre nel processo figlio il valore ottenuto è zero.

- Il processo figlio eredita tutte le pipe (le vedremo più avanti) e i file aperti del processo padre. Comunque il figlio mantiene una sua copia dei descrittori di file e pipe.

  Mantiene inoltre una copia delle variabili. Ciò significa che modifiche alle stesse da parte del padre o da parte del figlio non si ripercuotono direttamente sul processo concorrente.

Ci sono due strategie per strutturare i programmi concorrenti nei quali il processo padre e il processo figlio devono svolgere due compiti distinti:

1. Il figlio esegue lo stesso programma del padre (naturalmente la parte che gli compete). Il processo figlio esegue solamente il codice contenuto nel blocco a partire dall'operazione *fork* che restituisce zero, mentre il padre esegue il resto.

2. Il processo padre continua ad eseguire il programma originale, mentre il processo figlio carica ed esegue un programma distinto.

La prima strategia ha alcuni svantaggi: utilizza memoria per codice che non verrà eseguito e può portare ad errori non prevedibili, perché entrambi i processi possono accedere contemporaneamente agli stessi file e alle stesse pipe nello stesso modo. Il programma concorrente non è modulare perché ogni processo contiene codice irrilevante, ma può accedere file rilevanti solo per l'altro processo.

La seconda strategia ha lo svantaggio di rendere più complessa la comunicazione tra i due processi.

D'altra parte questo secondo metodo permette l'esecuzione concorrente di due programmi distinti che cooperano per raggiungere uno scopo comune.

La funzione che segue viene utilizzata per far partire un programma all'interno di un altro. Combinata con l'operazione *fork* serve a creare un figlio che esegue un altro programma.

Exec

I comandi *exec* vengono chiamati per eseguire un programma. Lo fanno rimpiazzando il programma corrente con quello specificato nell'istruzione di exec.

Il comando *exec* non crea un nuovo processo (solo *fork* può farlo), ma modifica l'ambiente in cui lavora il programma chiamante.

Le istruzioni di exec non ritornano nessun valore se vengono eseguite con successo, altrimenti ritornano -1.

Ci sono sei istruzioni exec:

- *execl*

  Accetta il nome completo di un programma eseguibile come suo primo argomento e una lista di eventuali argomenti di linea di comando (`argv[]`) come secondi. La lista dev'essere terminata da un puntatore vuoto.

  ```
  execl("/bin/cat","cat", "f1", "f2", NULL);
  execl("a.out","a.out", NULL);
  ```

  Da notare che la lista `argv[]` inizia con l'elemento zero, cioè con il nome del programma stesso.

- *execv*

  Questa istruzione accetta il nome completo del programma come primo argomento. Il secondo ed unico argomento è invece un puntatore ad una lista di stringhe (come `argv[ ]`) contenente le istruzioni della linea di comando:

  ```
  char *args[] = {"cat", "f1", "f2", NULL};
  execv("/bin/cat", args);
  ```

- *execle*

  Con questa istruzione è possibile, dopo gli argomenti della linea di comando, inserire un puntatore ad lista di stringhe contenente valori per le variabili di *environment* del nuovo programma.

  ```
  char *env[] = {"TERM=vt200","PATH=/bin: /usr/bin", NULL};
  execle("/bin/cat","cat", "f1", "f2", NULL, env);
  ```

- *execve*

  Questa è uguale alla precedente, con come unica differenza l'utilizzo di un puntatore per passare gli argomenti della linea di comando:

  ```
  char *env[] = {"TERM=vt200","PATH=/bin: /usr/bin", NULL};
  char *args[] = {"cat", "f1", "f2", NULL};
  execve("/bin/cat",args, env);
  ```

  In realtà questa è l'unica chiamata di sistema, le altre 5 convertono i loro parametri e chiamano questa.

- *execlp*

  Questo è simile al primo, con la differenza che qui il programma non deve essere specificato con il suo nome completo e può anche essere un programma della shell:

  ```
  execlp("ls", "ls", "-l", "/usr", NULL);
  ```

  Questa istruzione cerca nella variabile di environment *PATH* il programma specificato

- execvp

  Come il precedente, ma con la specificazione degli argomenti della linea di comando tramite puntatore:

  ```
  char *args[] = {"ls", "-l", "/usr", NULL};
  execvp("ls", args);
  ```

Come si può notare le lettere che seguono la parola "exec" hanno un loro significato:

- *l*   argv è specificata come lista di argomenti
- *v*   argv è specificata come un vettore (array di stringhe)
- *e*   l'*environment* viene specificato come lista di argomenti
- *p*   la variabile *PATH* viene usata per cercare i comandi   specificati.

Nel programma che segue si vede come il comando di exec non ritorni niente in caso positivo.

```
#include <stdio.h>

int main()
{
    printf("Questo è il primo printf\n");
    fflush(stdout);
    execl("/bin/pwd", "pwd", NULL);
```

```
    printf("Questo è il secondo printf\n");

    return 0;
}

$a.out

    Questo è il primo printf
    /usr/prog/topics
```

Il secondo *printf* non viene chiamato se il programma "/bin/pwd" esiste e può essere chiamato dall'istruzione di exec.

Da notare, inoltre, che abbiamo dovuto chiamare fflush per essere sicuri che venisse visualizzata. Infatti le routine di I/O registrano i dati nel buffer prima di visualizzarli, così c'è il pericolo che *printf* non faccia a tempo a mostrarli prima che che parta il comando di exec.

Spesso le routine di exec vengono chiamate dopo una chiamata *fork*.

Questa combinazione, conosciuta come *fork/exec*, permette ad un processo di creare un processo figlio per eseguire un comando, in modo che il padre non venga distrutto da un *exec*.

Molti interpreti di comandi (shell) in Unix usano questa tecnica.

L'esempio che segue mostra l'utilizzo di *fork/exec* per creare una directory.

Il programma crea prima un figlio con fork, poi attende che questo termini. Il figlio chiama *execl* per eseguire l'istruzione *mkdir*. Quando il figlio ha terminato, il padre apre un file nella directory appena creata e registra dei dati.

```
#include <stdio.h>

int main()
{
    FILE *fp;
    switch(fork()) {
    case 0:
        execl("/bin/mkdir","mkdir","nuova", NULL);
        fprintf(stderr, "Errore di esecuzione\n");
        exit(1);
    case -1:
        printf("Operazione non riuscita\n");
        break;
    default:
        wait(NULL);
        break;
    }

    if ((fp=fopen("nuova/prova.txt","w"))==NULL) {
        fprintf(stderr, "Errore di apertura file\n");
        exit(2);
    }
    fprintf(fp,"Testo di prova\n");

    return 0;
}
$a.out

$cat nuova/prova.txt
Testo di prova
```

16.2. Esempio: interprete di comandi

Il programma seguente è un semplice interprete di comandi che usa *execlp()* per eseguire comandi introdotti dall'utente.
La sua realizzazione può costituire un buon esercizio.

```c
#include <stdio.h>


int main()
{
  char line[80];

  fprintf(stderr, "comando>> ");
  while (fgets(line, 80, stdin)!=NULL) {
    switch(fork()) {
    case 0:
      execlp(line,line,NULL);
      fprintf(stderr, "Problemi nell'esecuzione di %s!\n", line);
      exit(1);
    case -1:
      fprintf(stderr, "Problemi nella creazione del processo\n");
      exit(2);
    default:          /* padre */
      wait(NULL);        /* solo processi in fg */
      break;
    }
    fprintf(stderr, "comando>> ");
  }

  return 0;
}

$a.out
comando>> pwd
/usr/prog/topics
comando>> xyz
Problemi nell'esecuzione di xyz!
comando>> ls -l
Problemi nell'esecuzione di ls -l!
comando>> CTRL-d
$
```

Come ben si vede dalla chiamata *execlp()*, non sono previsti argomenti sulla linea di comando. Inoltre, per semplicità, non vengono considerati gli spazi, perciò un comando come 'ls -l' verrebbe inserito tutto intero come primo argomento dell'istruzione di *exec()* e perciò non eseguito.

Da notare c'è inoltre una somiglianza con la funzione di sistema *system* della libreria standard e la combinazione *fork/exec*.
Questo perché la stessa funzione *system* chiama *fork* e poi *exec* per eseguire il comando specificato.
Ci sono comunque delle differenze:

- La funzione *system* esegue la *shell*, perciò la gestione degli argomenti, redirezione, ecc. viene fatta dalla *shell* stessa, non dal programmatore.

- Siccome *system* esegue la *shell*, la combinazione *fork/exec* è più veloce.

- La funzione system attende che il processo abbia terminato l'esecuzione, prima di ritornare un valore, mentre fork ritorna immediatamente, così da permettere l'esecuzione in parallelo di padre e figlio.

16.3. Interfaccia I/O con Unix

Le librerie standard di I/O, così come altre librerie standard del linguaggio C, fanno uso delle routine di interfaccia Unix per eseguire funzioni come creare, aprire, leggere, modificare file e pipe.

Ad esempio, il comando *fopen*, in realtà, non apre un file, ma chiama la routine di sistema *open*. Il valore ritornato viene poi utilizzato da *fopen* per creare un puntatore a file per poter essere utilizzato con funzioni come *fread*, *fwrite*, *fprintf* e *fscanf*.

Queste funzioni, a loro volta, chiamano altre routine di sistema per svolgere il loro compito.

Le librerie standard possono essere viste come un interfaccia tra l'utente programmatore e le funzioni a basso livello del sistema operativo, permettendo una visione standard e uniforme portabile su tutti gli altri sistemi.

A volte, però, può rendersi necessario l'utilizzo di funzioni a più basso livello, sia perché sono più efficienti, sia perché, come vedremo nel prossimo capitolo, ci sono cose che al livello superiore non possono essere eseguite, per la loro specificità e per il fatto che si basano su un comportamento tipico di un certo sistema operativo, in questo caso Unix.

Open

Questa routine permette l'apertura di un file. I flag necessari sono definiti nel file <fcntl.h> e hanno una corrispondenza con quelli usati dalla funzione standard *fopen*:

```
"r"  O_RDONLY
"w"  O_WRONLY | O_TRUNC  | O_CREAT
"a"  O_WRONLY | O_APPEND | O_CREAT
"r+"    O_RDWR
"w+"    O_RDWR | O_TRUNC  | O_CREAT
"a+"    O_RDWR | O_APPEND | O_CREAT
```

Se l'apertura riesce il comando ritorna valori interi da 0 a 19, chiamati *descrittori*, altrimenti ritorna -1.

Solitamente i primi tre descrittori sono già in uso: 0 è lo standard input, 1 lo standard output e 2 lo standard error. Quindi il primo file aperto verrà associato a 3, il secondo a 4, ecc.

La seguente chiamata apre un file in lettura:

```
int fdesc;
fdesc = open("testo.txt",O_RDONLY);
```

È inoltre possibile specificare il *mod* (priorità) di un nuovo file da creare, utilizzando il valore intero corrispondente. Nell'esempio che segue se il file specificato non esiste ne viene creato uno che sia leggibile e modificabile da tutti:

```
open("testo2.txt",O_WRONLY|O_CREAT|O_TRUNC,0666);
```

Close

Serve semplicemente a chiudere un file. L'unico parametro è il descrittore del file:

```
close(fdesc);
```

Read

Legge dati da un file. Gli argomenti da passare sono il descrittore del file, la variabile in cui copiare i dati e il numero di byte da leggere.

Il valore di return corrisponde ai byte letti e vale -1 se si è verificato un errore in lettura.

```
char input[20];
...
read(fdesc,input,10);
```

Write

Scrive dati nel file specificato con il descrittore. Ritorna il numero di byte scritti, -1 se si è verificato un errore.

```
char output[] = "Messaggio di output";
write(fdesc, output, 19);
```

Dup

Un descrittore può essere duplicato in un altro descrittore. La funzione *dup* accetta un descrittore come argomento e ritorna un suo duplicato nel descrittore più basso a disposizione. Perciò, dopo una chiamata si hanno due descrittori che si riferiscono allo stesso file.
Vedremo in seguito l'utilità di una tale operazione.

Pipe

Una pipe è un buffer accessibile tramite descrittori. I dati che vengono scritti in una pipe vengono letti secondo il metodo FIFO (first-in first-out). Un dato, una volta letto, viene anche tolto.
Una pipe ha una parte di lettura e una di scrittura, entrambe sono descrittori di file. I dati vengono scritti nella parte di scrittura e vengono letti in quella di lettura. Le funzioni di read e write vengono utilizzate per le pipe nello stesso modo in cui vengono utilizzate per i file.

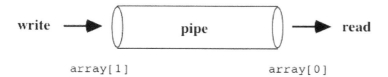

```
write  ──▶  (    pipe    )  ──▶  read

       array[1]              array[0]
```

Una pipe viene creata in due modi: chiamando l'istruzione *pipe*, oppure aprendo un file di tipo FIFO due volte, una per leggere e una per scrivere.
Ci limitiamo ora al primo caso. Argomento della funzione pipe dev'essere un array di due interi, che verrà utilizzato per i descrittori di input (elemento 0) e output (elemento 1).

```
int array[2];
...
pipe(array);
```

La funzione pipe ritorna zero se eseguita con successo, -1 in caso di errore.
I vantaggi delle pipe diventano chiari quando utilizzate come mezzo di comunicazione tra processi (come vedremo nel prossimo capitolo) e per collegare l'output di un processo con l'input di un altro (come nella shell).

16.4. Processi, I/O e pipes

L'unica cosa che cambia ad un processo con la chiamata di *exec* è il programma che viene eseguito, con le sue variabili locali e globali.
L'ambiente in cui lavora però non cambia, perciò uno degli effetti dei comandi exec è che i file aperti vengono passati al programma da eseguire (può essere evitato solo settando un flag in <fcntl.h>).
Siccome tutti i file aperti vengono copiati ai figli dopo l'operazione di *fork* e non vengono chiusi da *exec*, i file o pipe aperti vengono ereditati e passati al programma eseguito con *exec*.
Un semplice esempio di file aperti copiati da *fork* può essere mostrato aprendo un file nel genitore e facendolo leggere dal figlio (da notare, come vedremo in seguito, che la modifica a *buf* eseguita dal figlio NON viene riportata al padre).

```
#include <stdio.h>
```

```
int main()
{
   FILE *input;
   char buf[1024];

   if ((input=fopen("testo.txt","r"))!=0) {
       if (fork()==0) {
           fscanf(input, "%s", buf);
           printf(buf);
       } else {
           wait(NULL);
       }
   }

   return 0;
}
```

Ecco invece la versione utilizzando le routine di interfaccia I/O Unix:

```
#include <stdio.h>
#include <fcntl.h>


int main()
{
   int input, nchars;
   char buf[1024];

   if ((input=open("testo.txt",O_RDONLY))!=-1) {
       if (fork()==0){
           nchars = read(input,buf,1024);
           write(1,buf,nchars);      /* scrive in sdtout */
       } else {
           wait(NULL);
       }
   }

   return 0;
}
```

Analogamente è possibile mostrare che i descrittori vengono passati anche attraverso la chiamata di *exec*.

```
#include <stdio.h>
#include <fcntl.h>


int main()
{
   int input;
   char arg[10];

   if ((input=open("testo.txt",O_RDONLY))!=-1) {
       sprintf(arg,"%d",input);    /* converte indirizzo in una str */
       execl("leggi","leggi",arg,NULL);
   }

   return 0;
}
```

Il programma converte l'intero corrispondente al file aperto in una stringa, in modo da poterlo passare come parametro sulla linea di comando del programma "leggi", chiamato con l'istruzione *execl*.
Questo è il contenuto di "leggi":

```
#include <stdio.h>

int main(int argc, char *argv[])
{
    int input, nchars;
    char buf[1024];

    if (argc == 2) {
        input = atoi(argv[1]);      /* riconverte l'indirizzo */
        nchars = read(input,buf,1024);
        write(1,buf,nchars);         /* fwrite(stdout,...) */
    }

    return 0;
}
```

Il primo programma apre il file "testo.txt" ed esegue "leggi" passando come parametro il descrittore del file. Questo permette a "leggi" di leggere il contenuto del file aperto in precedenza.

Variabili

Le variabili create dal padre vengono riconosciute anche dal figlio. Se però il processo figlio, durante la sua esecuzione, modifica il contenuto di una variabile, questa modifica non viene riconosciuta nel processo padre (e viceversa):

```
int main()
{
    int a=0,b=0,c=0;

    if (fork()==0) {
        a=10;
        printf("Figlio: a= %d, b= %d, c= %d\n",a,b,c);
    } else {
        b=10;
        printf("Padre:  a= %d, b= %d, c= %d\n",a,b,c);
    }

    return 0;
}

$a.out
Figlio: a= 10, b= 0,  c= 0
Padre:  a= 0,  b= 10, c= 0
```

Pipes

Siccome una pipe non è altro che la sequenza di due descrittori di file, viene anch'essa copiata con *fork* e "passata" con *exec*.

Il programma che segue apre una pipe a poi esegue un *fork*: il figlio scrive nella pipe, mentre il padre legge.

```
#include <stdio.h>

int main(int argc, char *argv[])
{
    int channel[2];
    char line[81];
    char *message = "Messaggio che arriva dal figlio";

    if (pipe(channel)!= -1) {
        if (fork()== 0){     /* sincronizzazione con pipe */
            write(channel[1],message,strlen(message)+1);
        } else {
            read(channel[0],line,81);
            printf("Messaggio: %s\n", line);
```

```
        }
    }

    return 0;
}

$a.out
Messaggio: Messaggio che arriva dal figlio
```

La chiamata *pipe* serve ad aprire una pipe. Dopo questa chiamata la variabile *channel[0]* contiene il descrittore del file di input per la pipe, mentre *channel[1]* contiene il descrittore del file di output.

Ridirezione

In Unix viene spesso sfruttato il fatto che il comando di *open* associa al file aperto il più piccolo descrittore disponibile.

Se chiudiamo ad esempio lo standard input (descrittore zero) e apriamo un file, a questo viene associato il descrittore più piccolo disponibile, cioè zero.

```
close(0);
open("new-input.txt", O_RDONLY);
```

Questo ha l'effetto di ridirezionare lo standard input dal terminale, dove si trova di solito, al file aperto.

Ovviamente bisogna essere sicuri che il descrittore che si vuole ridirezionare sia il più piccolo in quel momento, altrimenti la ridirezione avviene con il descrittore sbagliato.

Il programma che segue esegue una semplice ridirezione dello standard output:

```
#include <stdio.h>
#include <fcntl.h>


int main()
{
    close(1);               /* chiude lo standard output */
    if (open("dir",O_WRONLY|O_CREAT|O_TRUNC,0644) != -1) {
        execl("/bin/pwd","pwd",NULL);
    }

    return 0;
}

$a.out
$cat dir
/usr/usr3/c
```

Il programma chiude lo standard output per ridirezionare l'output nel file "dir", che al termine dell'esecuzione conterrà la descrizione della directory attuale di lavoro (risultato del comando "pwd").

Ridirezione con pipes

Le considerazioni viste per la redirezione di file possono venir applicate in modo analogo anche per le pipe. Possiamo ad esempio creare una pipe e poi usare *dup* per copiare la sua parte di read o quella di write nello standard input o output, dopo aver chiuso uno di questi.

La differenza tra ridirezione con file e ridirezione con pipe consiste nel fatto che quest'ultima permette la lettura da parte di altri processi.

Consideriamo le azioni che permettono a un programma di leggere dallo standard output di un altro programma (come la funzione *popen(cmd,"r")* della libreria standard):

1. Creiamo una pipe.

2. Creiamo un processo figlio, in modo che ora sia il padre che il figlio abbiano accesso alla stessa pipe.

3. Chiudiamo lo standard output del figlio.

4. Duplichiamo la parte di scrittura della pipe chiamando *dup*. Viene così duplicata nel descrittore più basso, cioè nello standard output.

5. Il processo figlio esegue un programma con *exec* che scrive nello standard output.

6. Il processo padre legge dalla pipe.

```c
#include <stdio.h>


int main()
{
    int channel[2], proc, n;
    char line[81];

    pipe(channel);
    if ((proc=fork())!= -1) {
        if (proc==0){                   /* figlio */
            close(1);
            dup(channel[1]);
            execl("/bin/pwd","pwd",NULL);
            /* pwd ora scrive nella pipe invece che in stdout! */
        } else {                        /* padre */
            n=read(channel[0],line,80);
            line[n]='\0';
            printf("Directory attuale: %s\n",line);
        }
    }

    return 0;
}

$a.out
Directory attuale: /usr/user3/c
```

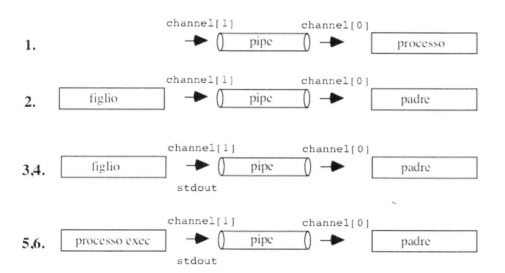

Il programma esegue il comando pwd. Questo scrive il suo output nello standard output, che, essendo però stato deviato, va a finire nella pipe. In questo modo il processo padre è in grado di leggere l'output e stamparlo.

La sincronizzazione delle pipe e dei processi che accedono ad esse è gestita interamente dal sistema operativo. Quando un processo cerca di leggere da una pipe vuota, viene fatto attendere fin quando arrivano dati, cioè fino a quando altri processi hanno scritto nella pipe. Analogamente quando un processo vuole scrivere in una pipe piena, viene fatto attendere fino a quando un altro processo ha letto (e quindi tolto) dei dati.

Per evitare queste attese dei processi si può settare un flag nelle operazioni di read e write (*O_NODELAY*) in modo che il processo ritorni zero se la pipe è vuota, rispettivamente piena.

Le operazioni di *read* e *write* sono operazioni "atomiche", cioè non vengono interrotte. Un'operazione di scrittura su pipe una volta iniziata verrà portata a termine prima che a a un altro processo venga permesso di eseguire altre operazione sulla stessa pipe.

Questo, però, collegato alla limitata dimensione delle pipe (10 blocchi) può causare problemi. Il tentativo di scrivere in una pipe più dati di quanti essa possa contenere causa l'interruzione del processo di *write*, perciò non può essere garantito che un *read* seguente possa leggere tutti i dati del *write*, visto che la pipe non può essere svuotata durante il riempimento.

Per evitare questo problema, quando si lavora con grandi quantità di dati, è necessario avere un controllo sulle operazioni di lettura e scrittura.

- Il controllo lo si può avere suddividendo i dati da scrivere e da leggere in successioni di byte limitate, in modo che, ad esempio, la scrittura di determinati dati in una pipe avvenga tramite più chiamate della funzione atomica *write*, permettendo così ad altri processi di accedere fra un *write* e l'altro e togliere i dati già inseriti.

- Oppure si utilizzano le funzioni standard di I/O (*popen* e *pclose*) che eseguono automaticamente la bufferizzazione dei dati, evitando di dover contare ogni singolo byte.

16.5. Esempi

Per terminare ecco due ultimi esempi che utilizzano la programmazione con processi concorrenti in C.

Copia

Nel primo esempio la richiesta di copiare un file viene realizzata con la creazione di un proceso figlio, mentre il padre continua la sua esecuzione senza attendere che il figlio abbia terminato. Questo significa che la copia viene eseguita parallelamente al processo che l'ha richiesta.

In questo primo esempio non c'è nessuna comunicazione tra padre e figlio.

Il processo principale a cui viene richiesta l'operazione controlla semplicemente che il file di cui si vuola creare una copia esista. Poi crea un processo che esegua per lui l'operazione.

```
#include <stdio.h>

void acopy(char *src, char *dest)
{
    FILE *fs;

    if ((fs=fopen(src,"r"))==NULL) {
        printf("acopy: non riesce ad aprire il file  %s\n", src);
        exit(0);
    }
    fclose(fs);

    switch(fork()){
    case 0:
        execl("./copy","copy",src,dest,NULL);
        printf("acopy: operazione non riuscita\n");
        break;
    case -1:
        printf("acopy: operazione fork non riuscita\n");
        break;
    default:
        printf("Padre: continua\n");
        break;
    }
}

int main(int argc, char *argv[])
{
    acopy(argv[1],argv[2]);
```

```
        return 0;
    }
```

Il processo figlio, come spesso capita, fa partire parallelamente al padre, un altro programma, quello che esegue la copia vera e propria:

```
#include <stdio.h>

int main(int argc, char *argv[])
{
    int c;
    FILE *fs, *fd;

    fs=fopen(argv[1],"r");
    fd=fopen(argv[2],"w");
    while((c=fgetc(fs))!=EOF) {
        fputc(c,fd);
    }
    fclose(fs);
    fclose(fd);

    return 0;
}
```

Contatore

Il secondo esempio realizza un contatore di caratteri in un file. Il programma deve contare i caratteri che non appartengono a parole chiave predefinite. Queste parole chiave iniziano tutte con il carattere '.' (punto) ed occupano lo spazio fino al carattere di fine linea seguente, sono perciò facilmente riconoscibili.

Nella soluzione vengono utilizzati due processi concorrenti: uno (padre) stabilisce quali sono i caratteri da contare, mentre il secondo (figlio) conta, man mano, i caratteri che gli vengono passati dal processo padre.

Per la comunicazione tra i due processi vengono utilizzate due pipe: una (*caratteri*) utilizzata dal padre per inviare i caratteri da contare, l'altra (*totale*) utilizzata dal figlio per inviare al padre il risultato finale del conteggio.

Per la comunicazione tra due processi in programmi separati tramite pipe viene utilizzata la ridirezione su *stdin* e *stdout*.

Bibliografia

Deitel & Deitel: C, How to Program, Prentice Hall, 2008

Harbison Samuel P., Steele Guy L. jr.: *C, A Reference Manual*, Tartan, Inc, Fourth Edition, 1995.

Kernighan Brian W., Ritchie Dennis M.: The C Programming Language, Prentice Hall Software Series.

Kochan Stephen G, Wood Patrick H.: Topics in C Programming, Hayden Books Unix, 1988

Schildt Herbert, C Guida completa, McGraw Hill, 1995